HEYNE
BÜCHER

D1859346

HEYNE KOCHBÜCHER

PETER REUSS

Das Soja-Kochbuch

150 eiweißreiche und gesunde
Rezepte für eine
alternative Ernährung

Originalausgabe

WILHELM HEYNE VERLAG
MÜNCHEN

HEYNE KOCHBUCH
07/4466

Printed in Germany 1987
Umschlagfoto: Sigi Bumm, Studioh!, München
Umschlaggestaltung: Atelier Ingrid Schütz, München
Satz: Schaber, Wels
Druck und Bindung: Ebner Ulm

ISBN 3-453-40450-5

INHALT

Die Sojabohne 7

Sojabohnensprossen 9

Sprossenzucht 9
Salate mit Sojasprossen 13
Suppen mit Sojasprossen 31
Fleisch und Geflügel mit Sojasprossen 39
Eiergerichte mit Sojasprossen 53
Frühlingsrollen mit Sojasprossen 59
Kleine Gerichte mit Sojasprossen 65

Sojabohnen aus dem eigenen Garten 77

Gerichte mit jungen Sojabohnen und -schoten 77
Gerichte mit gelben Sojabohnen 89
Gerichte mit schwarzen Sojabohnen 99
Gerichte mit Tofu (Sojabohnenquark) 107
Gerichte mit Miso 113
Fleisch mit Soja 117
Geflügel mit Soja 133
Fisch mit Soja 147
Eier, Salate, Gemüse und Beilagen mit Soja 155
Saucen und Dips mit Soja 163

Sachgruppenregister 168
Alphabetisches Rezeptregister 172

Abkürzungen:

EL = Eßlöffel
TL = Teelöffel
g = Gramm
mg = Milligramm
ml = Milliliter
kcal = Kilo(gramm)kalorie
kJ = Kilojoule

Die Rezepte sind für 4 Personen berechnet.

Die Sojabohne

In Asien zählt die Sojabohne neben Reis, Gerste, Weizen und Hirse zu den heiligen fünf Körnern. Und nicht zu Unrecht nennt man die Sojabohne auch das Fleisch der Erde. Denn in Ergänzung mit den verschiedenen Getreideprodukten ist das Soja-Eiweiß mindestens so hochwertig wie das tierische Eiweiß. Für die gesunde Vollwertküche ist die Sojabohne deshalb ideal geeignet.

Doch sollte man die Sojabohne nicht als Fleischersatz, sondern als eine besonders wertvolle Hülsenfrucht vielfältig in der Küche verwenden.

Ernährungsphysiologisch sprechen viele Punkte für die Sojabohne:

- Hoher Eiweißgehalt
- Reichlich Vitamine A, B, C, D und E
- Hoher Mineralstoffgehalt, reichlich Lezithin
- Arm an Purinen
- Ungesättigtes cholesterinfreies Fett
- Alle 8 essentiellen Aminosäuren, die der menschliche Organismus selbst nicht herstellen kann, sind in der Sojabohne enthalten

Die Sojabohne (*Glycine max* und *Glycine hispida*) ist eine einjährige Pflanze aus der Familie der Schmetterlingsblütler mit einer Blütezeit von Juni bis September. Die reifen Boh-

nensamen enthalten 40% hochwertiges Eiweiß, 25–30% Kohlehydrate, 2% Lezithin, Vitamine und Enzyme und 20% cholesterinfreies Fett.
Aus den Sojabohnen werden die verschiedensten Produkte hergestellt: Sojaöl, Sojamehl, Sojaschrot, Sojamilch, Sojaquark *Tofu*, Sojapaste *Miso* und vor allem die in der asiatischen Küche unentbehrlichen Sojasaucen. In Asien-Läden sind alle Sojaprodukte und auch die bei den Rezepten genannten fernöstlichen Gewürze und Zutaten erhältlich. Auch in Naturkostläden, Reformhäusern und Supermärkten werden Sojaprodukte angeboten. Doch sei vor den »Apothekenpreisen« in manchen Supermärkten gewarnt! Preisvergleiche lohnen sich. So kostet beispielsweise eine große Flasche chinesische Sojasauce mit 623 ml Inhalt in Asien-Läden weniger als ein kleines Fläschchen mit 140 ml Inhalt in Supermärkten.

Sojabohnen-sprossen

Sprossenzucht

Die Sojasprossen haben in der asiatischen Küche, in China, Indonesien und Japan vor allem, schon eine dreitausendjährige Tradition. Dieses Lieblingsgemüse der Chinesen, das zu jeder Jahreszeit zur Verfügung steht, ist auch für unseren Speisezettel eine ideale Bereicherung. Die knackig frischen Sojasprossen, aus ungebeiztem Saatgut selbst gezogen, sind völlig rückstandsfrei, besitzen einen hohen Eiweiß- und Vitamingehalt und sind zudem noch sehr kalorienarm. 100 g Sojasprossen haben nur etwa 40 kcal (= 168 kJ) und enthalten außerdem reichlich verdauungsfördernde Ballaststoffe.
Im ruhenden Bohnensamen sind in konzentrierter Form alle Nährstoffe enthalten, die die keimende Pflanze zum Leben braucht, also Kohlehydrate, Eiweiß und Fett. Sobald der Samen beim Einweichen mit Wasser in Berührung kommt, ist seine Ruhephase beendet, er quillt auf und seine Zusammensetzung ändert sich innerhalb weniger Stunden. Fermente werden aktiv, bilden Vitamine und erschließen alle ruhenden Wertstoffe. In dieser Keimphase, in der die werdende Sojapflanze die gesamte gespeicherte Energie aus dem Samen holt, ist sie durch die Konzentration von Vitalstoffen für uns am wertvollsten.

100 g Sojasprossen enthalten:

- 5 g hochwertiges Eiweiß
- 3 g Kohlenhydrate
- 0,9 g Fett
- 48 mg Vitamin C, Vitamin B_1 und B_2, Vitamin E
- verschiedene Fermente
- und an Mineralstoffen 38 mg Kalzium und 1 mg Eisen

Im Samenfachhandel werden mehrere Bohnenarten unter der Bezeichnung Sojabohnen zur Sprossenkultur angeboten, zum Teil unter den Handelsnamen *Taugé* und *Lunja.* Botanisch echte Sojabohnen sind allerdings nur die braunen und gelben Sojabohnen, doch hat sich der Name Sojasprossen auch für die anderen Bohnenarten eingebürgert, die alle gleich gut zur Sprossenkultur geeignet sind:

- **Mungbohne** oder **grüne Sojabohne** *(Phaseolus aureus)*
- **Urdbohne** oder *Taugé (Phaseolus mungo)*
- **Braune** oder auch: **rote Sojabohne** oder *Lunja (Glycine hispida)*
- **Adzukibohne** *(Phaseolus angularis)*

Die gelbe Sojabohne *(Glycine max)* eignet sich nicht zur Sprossenzucht, da ihre Sprossen einen unangenehmen Beigeschmack haben. Auch die verschiedenen Gartenbohnen sind zur Sprossenzucht ungeeignet. In den Sprossen und später dann in den rohen Bohnenschoten sind schwach giftige Stoffe enthalten, die erst beim Kochen zerstört werden. Deshalb sollte man beim Bohnenputzen auch keine rohen Schoten naschen.
Zur Sprossenzucht werden im Handel verschiedene Keimapparate mit übereinander gestapelten Keimschalen angeboten. Die Sprossen lassen sich aber auch ganz einfach in großen Einmachgläsern heranziehen, über die man Gaze oder Tüll mit einem Gummiring spannt. Auch große Gurkengläser haben sich bewährt. In den Deckel sticht man mehrere Lö-

cher und bestreicht ihn mit etwas Salatöl, damit er nicht rostet. Nach dem täglichen Wässern der Sprossen dreht man das Gurkenglas einfach um und läßt das Wasser durch den perforierten Deckel abfließen.
1 Tasse Bohnen ergibt etwa 250 g Sprossen. Für das Volumen der Einmach- und Gurkengläser reicht meist schon ½ Tasse. Die Sprossen wünschen es luftig und feucht in den Gläsern, aber nicht naß. Es darf kein Wasser stehen bleiben, damit keine Fäulnis auftritt. Bei Zimmertemperaturen um 20° C entwickeln sich die Sprossen am besten. Man kann sie im Küchenschrank oder mit einem Tuch abgedeckt im Dunkeln kultivieren oder auch im Hellen heranwachsen lassen, wobei sie aber nicht in der prallen Sonne stehen sollten. Ästhetischer sind die bleichen im Dunklen gezogenen Sprossen mit dem zartgelben Köpfchen. Mehr wertvolle Inhaltsstoffe und weniger Nitrat haben die im Hellen gewachsenen Bohnensprossen. Ein Kompromiß wäre, die Sprossen 4–5 Tage unter Lichtabschluß treiben zu lassen und sie dann für 1 Tag ans Licht zu stellen, bis sich die gelben Keimblättchen durch die Assimilation maigrün zu verfärben beginnen.
Bei der Anzucht weicht man die Bohnen zuvor über Nacht ein, bis sie aufquellen. Dann gibt man sie in gut gesäuberte Keimschalen oder Gläser, wässert sie ein- bis zweimal täglich und gießt das Wasser wieder vollständig ab. Die Sprossen können schon ab dem dritten Tag gegessen werden, erntereif sind sie nach 5 bis 6 Tagen, wenn sie etwa 6 cm lang sind. In Frischhaltefolie gewickelt kann man die Sprossen auch im Kühlschrank in der Gemüseschale noch einige Tage aufbewahren.
(Siehe auch Heyne-Biokost-Kochbücher Nr. 07/4325 »Sprossen und Keime« und Nr. 07/4404 »Gesundheit aus dem Zimmergarten« von Rose-Marie Nöcker)

Das **Blanchieren** der Sprossen ist zwar in der asiatischen Küche üblich, zwingend nötig ist es aber nicht. Die Sojasprossen schmecken roh gegessen nußartig-frisch und ihre aromati-

schen Bitterstoffe erinnern an Chicorée. Will man diese Bitterstoffe entfernen, so taucht man die Sprossen in einem Sieb für ½ Minute in kochendes Wasser und schreckt sie dann in Eiswasser oder unter kaltem Wasser kurz ab.
Ganz nach persönlichem Geschmack kann man die Sojasprossen bei den verschiedenen Gerichten auch mit anderen Sprossen und Keimen kombinieren, die man gleichzeitig in anderen Gläsern nach Packungsvorschrift heranzieht: Luzerne/Alfalfa, Bockshornklee, Weizen und Roggen, Sonnenblumensprossen von geschälten Kernen, Kichererbsen, Linsen, Senf- und Rettichsprossen, Garten- und Brunnenkresse o. a.
Es empfiehlt sich, nur die preisgünstigen Samen-Großpackungen zu kaufen. Fertige Sojasprossen sind in Plastiktüten auch in Asien-Läden, Bio-Läden und in Supermärkten erhältlich. Auf Sprossenkonserven sollte man nur in Notfällen zurückgreifen. Man kann die Bohnen auch an einem geschützten warmen Platz im Garten heranziehen, blühen lassen und die Samen zur Sprossenkultur selber ernten.

Salate mit Sojasprossen

Frühlingssalat mit Sojasprossen

250 g Sojasprossen
100 g Rapunzel (Feldsalat)
1 Bund Radieschen, in Scheibchen geschnitten
1 kleine Schüssel Wildkräuter, zerpflückt oder grob geschnitten: Brunnenkresse, Scharbockskraut, Geißfuß (Giersch), Bärlauch, Löwenzahn, Gänseblümchen-Rosetten u. v. a.
3 hartgekochte geachtelte Eier
einige Kopfsalatblätter zum Anrichten

Sauce:
2 EL kaltgepreßtes Olivenöl
1 TL Apfelessig
1 EL Weinessig
1 TL scharfer Senf
Salz und Pfeffer aus der Mühle

Die Salatzutaten miteinander vermischen und auf Kopfsalatblättern anrichten. Die Sauce gut verrühren und über den Salat gießen. Sofort servieren.

Sojasprossen-Gurken-Salat
(Chinesisch)

250 g Sojasprossen, in kochendem Salzwasser kurz blanchiert, dann unter kaltem Wasser abgeschreckt
½ Salatgurke, längs halbiert, entkernt und in Stiftchen geschnitten

Salatsauce:
1 EL Sojasauce
1 EL Essig
1 Prise Zucker
1 TL Sesamöl
Salz

Die Gurkenstiftchen auf Salattellern anrichten und die abgetropften Sojasprossen darüber verteilen. Die Salatsauce anrühren, abschmecken und darübergießen.

Chinakohl mit Sojasprossen und Pilzen

250 g Chinakohl, in breite Streifen geschnitten
250 g Sojasprossen
150 g braune Egerlinge, in Scheibchen geschnitten
2 geraspelte Karotten
1 kleine feingewiegte Zwiebel

Salatsauce:
1 roher Eidotter
2 EL kaltgepreßtes Olivenöl
1 TL scharfer Senf
Saft von 1 Zitrone
1 TL Honig
2 EL Rahm
einige Spritzer Tabasco
Salz und Pfeffer aus der Mühle

Die genannten Salatzutaten vermischen. In einem Rührbecher mit dem Elektroquirl die Salatsauce gut verrühren und pikant abschmecken. Die Sauce unterheben und den Salat ½ Stunde durchziehen lassen.

Chinesischer Bambus- und Sojasprossensalat

ca. 200 g Bambussprossen (Konserve), kurz blanchiert und in Streifen geschnitten
250 g Sojasprossen
einige Chinakohlblätter, in Streifen geschnitten
ca. 150 g Lychees (Konserve)
2 EL Sesamkerne, in einer Pfanne ohne Fett angeröstet

Salatsauce:
2 EL Sojasauce
1 Gläschen Sherry
3 EL Weinessig
1 EL Sesamöl
2 EL Erdnuß- oder Sonnenblumenöl
etwas geriebener frischer Ingwer
2 zerdrückte oder durchgepreßte Knoblauchzehen
Salz

Chinakohlstreifen, Sprossen und Lychees dekorativ auf Salatteller anrichten. In einem Rührbecher mit einem elektrischen Handrührer die Salatsauce gut verquirlen und pikant abschmecken. Die Sauce über den Salat gießen und geröstete Sesamkörner darüberstreuen.

Sojasprossen-Gurken-Salat mit Joghurtsauce

250 g Sojasprossen; sehr lange Sprossen halbiert
1 Salatgurke, geschält, längs halbiert und mit einem Löffel ausgeschabt; grob geraspelt oder in feine Stifte geschnitten
1 kleine feingewiegte Zwiebel
2 EL gehackte Walnußkerne

Joghurtsauce:
150 g Joghurt
einige EL Magerquark
1 Tasse saurer Rahm
einige Spritzer Tabasco
1 TL Sojasauce
Salz und weißer Pfeffer aus der Mühle
1 Büschel frische Minze und Basilikum, grob geschnitten

In einer Salatschüssel Sojasprossen, Gurke und Zwiebel mit 1 EL gehackter Walnüsse vermischen. Die Joghurtsauce anrühren, abschmecken und unterheben. Mit 1 EL Walnüsse bestreuen und mit einigen zurückbehaltenen Minz- und Basilikumblättchen garnieren.

Marinierter Sojasprossensalat auf chinesische Art

250 g Sojasprossen, in kochendem Wasser kurz blanchiert
150 g gekochter Schinken, in Streifen geschnitten
1 Stengel Staudensellerie, geputzt und kleingeschnitten
1 Porreestange (weißer Teil), gut gewaschen und in sehr dünne Ringe geschnitten
½ rote Paprikaschote, in kochendem Wasser kurz blanchiert und in dünne Streifen geschnitten

Marinade:
3 EL Erdnußöl
2 EL Weinessig
½ TL Zucker
1 Gläschen Sherry
1 TL scharfer Senf
2 EL Sojasauce
Salz und Pfeffer aus der Mühle

Die Marinade anrühren, abschmecken und unter die abgetropften Sojasprossen mischen. Etwas durchziehen lassen und dann die anderen Zutaten untermischen. Mit Sojasauce abschmecken.

Sojasprossensalat mit Soja-Vinaigrette

250 g Sojasprossen
1 Frühlingszwiebel, in Röllchen geschnitten
1 Büschel Schnittlauch zum Bestreuen

Soja-Vinaigrette:
2 EL Sonnenblumenöl
1 EL Weinessig
1–2 EL Sojasauce
1 TL Zucker
Salz und Pfeffer aus der Mühle

Mit einem Handrührer die Salatsauce verquirlen und über den Salat gießen. Mit Schnittlauchröllchen bestreuen.

Koreanischer Sojasprossensalat

Kong namul

ca. 300 g Sojasprossen, in kochendem Salzwasser kurz blanchiert, dann unter kaltem Wasser abgeschreckt

Salatsauce:
1 EL Sesamöl
1 EL Sojaöl
1 TL Honig
einige Spritzer Tabasco oder 1 Prise Cayennepfeffer
2 feingewiegte Frühlingszwiebeln
einige zerdrückte oder durchgepreßte Knoblauchzehen
2 EL ohne Fett geröstete Sesamkerne, im Mörser zerstoßen

Die Salatsauce gut verrühren und unter die abgetropften Sojasprossen mischen. Im Kühlschrank etwas durchziehen lassen.

Sojasprossensalat mit Sesam

250 g Sojasprossen, kurz blanchiert und in einem Sieb abgetropft
1 EL geröstete Sesamkerne (ohne Fett kurz in einer Pfanne)

Salatsauce:
3 EL Sojasauce
1–2 EL Sesamöl
1 EL Zucker
1 EL Weinessig
1 kleine geriebene Zwiebel oder einige feingewiegte Schalotten
einige milde rote Pfefferschoten, entkernt und feingewiegt
1 Prise Salz

Die Salatsauce mit den genannten Zutaten gut verquirlen und über die Sojasprossen gießen. Mit Sesamkernen bestreuen und kurz durchziehen lassen.

Sojasprossensalat mit Estragon-Vinaigrette

250 g Sojasprossen, längere Sprossen halbiert
einige Kopf- oder Eisbergsalatblätter zum Anrichten
2–3 Tomaten, in Scheiben geschnitten
1 Zwiebel, in sehr dünne Ringe geschnitten
½ geriebener Rettich
einige zerpflückte frische Estragonblättchen

Estragon-Vinaigrette:
2 EL Estragonessig
1 Gläschen Rotwein
2–3 EL Sonnenblumenöl
1 TL Honig
1 TL scharfer Senf
Salz und Pfeffer aus der Mühle

Auf Salatblättern die Tomatenscheiben anrichten und die Zwiebelringe darauf verteilen. Den geriebenen Rettich in die Mitte setzen und die Sojasprossen darübergeben. Die Estragon-Vinaigrette in einem Rührbecher mit einem Handrührer gut verquirlen, abschmecken und über den Salat gießen. Mit Estragonblättchen bestreuen.

Gemischte Sprossensalate mit verschiedenen Salatsaucen

1 Schüssel Sprossen und Keime, nach persönlichem Geschmack zusammengestellt:

Sojasprossen/*Lunja*
Luzerne/Alfalfa
Linsensprossen
Kichererbsensprossen
Weizen- und Roggensprossen
Sonnenblumensprossen
Senfsprossen
Gartenkresse

Unter den Sprossensalat etwas Glutamat mischen und eine oder mehrere Salatsaucen getrennt dazu servieren.

Limetten-Sauce

½ Tasse Crème fraîche
1 EL Honig
Saft von ½ Limette
etwas abgeriebene Limettenschale
1 Spritzer Tabasco
Salz und Pfeffer aus der Mühle

Mit einem elektrischen Handrührer die genannten Zutaten in einem Rührbecher gut verquirlen und mit Tabasco, Salz und Pfeffer abschmecken.

Balsamico-Vinaigrette

4 EL kaltgepreßtes Olivenöl (erste Pressung)
2 EL Aceto Balsamico (italienischer Würzessig)
einige feingewiegte Cornichons
1 Spritzer Tabasco
Salz und Pfeffer aus der Mühle

Die Zutaten im Rührbecher gut verquirlen und mit Salz und Pfeffer abschmecken.

Knoblauch-Vinaigrette

4 EL Sonnenblumenöl
2 EL Weinessig
1 TL Ahornsirup
einige durchgepreßte Knoblauchzehen
1 kleine geriebene Karotte
1 Büschel Kerbel, zerpflückt oder grob geschnitten
Salz und Pfeffer aus der Mühle

Die Zutaten mit einem Handrührer verquirlen und mit Salz und Pfeffer abschmecken.

Sauerrahmsauce mit gerösteten Mandeln

½ Tasse saurer Rahm
2 EL Mandelblättchen, in einer Pfanne ohne Fett unter Rühren goldbraun geröstet
einige Spritzer Tabasco
Salz und weißer Pfeffer aus der Mühle
1 Büschel Schnittlauch, in Röllchen geschnitten

Die Zutaten gut verrühren, mit Tabasco, Salz und Pfeffer abschmecken und mit Schnittlauch bestreuen.

Roquefort-Quarksauce

4 EL Roquefort oder anderer Blauschimmelkäse, zerdrückt
2 EL kaltgepreßtes Olivenöl (erste Pressung)
4 EL Magerquark
2 EL saurer Rahm
einige Spritzer Zitronensaft
Salz und Pfeffer aus der Mühle

Mit einem Handrührer die Zutaten im Rührbecher vermengen und mit Zitronensaft, Salz und Pfeffer abschmecken.

Walnuß-Quarkmayonnaise

100 g Magerquark
2 EL Crème fraîche
3 EL Walnußöl
2 Eidotter
Saft von ½ Zitrone
1 durchgepreßte Knoblauchzehe
2 EL gehackte Walnußkerne
1 Spritzer Tabasco
Salz und Pfeffer aus der Mühle

Im Rührbecher die Zutaten mit einem Handrührer gut verquirlen und mit Tabasco, Salz und Pfeffer abschmecken.

Provençalische Vinaigrette

5 EL kaltgepreßtes Olivenöl (erste Pressung)
3 EL Estragonessig
1 Spritzer Worcestershiresauce
Salz und Pfeffer aus der Mühle
1 Büschel frischer Kräuter, grob geschnitten: Basilikum, Oregano, Bohnenkraut, Thymian, einige Salbeiblätter und Rosmarinnadeln, ein wenig Liebstöckel und Weinraute

Die Zutaten im Rührbecher verquirlen, die Kräuter untermischen und mit Salz und Pfeffer abschmecken.

Schafskäse mit Sojasprossen

200 g Schafskäse, zerbröckelt
2–3 EL kaltgepreßtes Olivenöl
250 g Sojasprossen
1 Tasse entkernte, schwarze Oliven
2 Frühlingszwiebeln, in Ringe geschnitten
Salz und Pfeffer aus der Mühle
1 Büschel Dill, grob geschnitten, zum Bestreuen

Den zerbröckelten Schafskäse mit Olivenöl beträufeln. Sojasprossen, Oliven und Frühlingszwiebeln untermischen. Das Ganze salzen und pfeffern und mit Dill bestreuen.

Bunter Kartoffelsalat mit Sojasprossen

500 g gegarte Pellkartoffeln, geschält und in Scheibchen geschnitten
½ Tasse Fleisch- oder Gemüsebrühe
2 EL Weinessig
1 EL Obstessig
2 EL Kürbiskernöl
Salz und Pfeffer aus der Mühle
2 Bund Radieschen, in Scheibchen geschnitten; einige Radieschen zum Garnieren zurückbehalten
1 Frühlingszwiebel, in Röllchen geschnitten
einige Tomaten, halbiert und in Scheiben geschnitten
½ gehobelte Salatgurke
250 g Sojasprossen
1 Büschel Schnittlauch zum Bestreuen

Die noch heißen Kartoffelscheibchen mit Fleisch- oder Gemüsebrühe übergießen und Essig und Öl untermischen. Mit Salz und Pfeffer abschmecken. Die anderen Salatzutaten unterheben und das Ganze 1–2 Stunden durchziehen lassen. Mit Schnittlauch bestreuen und mit blättrig eingeschnittenen Radieschen garnieren.

Sojasprossen-Sambol

Moong ata sambola (Sri Lanka)

250 g Sojasprossen
3 Chilischoten, halbiert, entkernt und kleingeschnitten
1 feingewiegte Zwiebel
½ Tasse Kokosflocken oder frische geriebene Kokosnuß
Saft von ½ Zitrone
Salz

Die Zutaten miteinander vermischen und mit Zitronensaft und Salz abschmecken. Zu Reisgerichten servieren.

Früchtesalat mit Sojasprossen

250 g Sojasprossen
2 Kiwis, geschält und in Scheiben geschnitten
1 Birne, geschält, entkernt und in Scheiben geschnitten
1 Banane, in Scheiben geschnitten
250 g Weintrauben, halbiert und entkernt
100 g Schmelzkäse
1 TL eingelegter grüner Pfeffer
1 Gläschen Cognac
2 EL Rahm
1 Spritzer Zitronensaft
1 EL feingehackte Pistazien zum Bestreuen

Die genannten Salatzutaten vermischen. In einem Topf bei geringer Hitze den Schmelzkäse zerlaufen lassen und grüne Pfefferkörner, Cognac und Rahm unterrühren. Mit einem Spritzer Zitronensaft abschmecken. Das Ganze dann über den Salat gießen. Mit Pistazien bestreuen und Weißbrot dazu reichen.

Sojasprossen-Obst-Salat

250 g Sojabohnensprossen
2 Orangen, geschält und in Scheibchen geschnitten
1 Apfel, geschält, entkernt, in Scheibchen geschnitten und mit Zitronensaft beträufelt
2 EL gehackte Walnüsse zum Bestreuen

Salatsauce:
1 Tasse Joghurt
1 Tasse Kefir
Saft von 1 Orange
1 Prise Zucker
einige Spritzer Tabasco
1 Prise Salz

Mit einem Handrührer die Sauce anrühren, gut abschmekken und unter die Salatzutaten mischen. Mit Walnüssen bestreuen.

Sojasprossen-Rohkost-Salat

250 g Sojasprossen
½ Tasse Rosinen, in Wasser oder Rum vorgequollen
2 EL grob gehackte Walnüsse zum Bestreuen
1 Apfel, in Schnitze geteilt und mit Zitronensaft beträufelt

Salatsauce:
Saft von 1 Zitrone
2 EL Honig
1 zerdrückte oder pürierte Banane
1–2 geriebene Äpfel
1 Spritzer Tabasco
1 Prise Salz

Sojasprossen, Rosinen und Apfelschnitze mischen. Die Sauce mit einem Handrührer gut verquirlen und unterheben. Mit Walnüssen bestreuen.

Bunter Sojasprossensalat mit Krabben

250 g Sojasprossen
½ gehobelte Salatgurke
1 Tasse gefüllte oder entsteinte Oliven, in Scheibchen geschnitten
einige Tomaten, in dünne Scheiben geschnitten
200 g gewürfelter Emmentaler Käse oder anderer Hartkäse
300 g Krabben
3 hartgekochte Eier, geachtelt

Salatdressing:
100 g Joghurt
1 EL kaltgepreßtes Olivenöl
einige EL Magerquark
Saft von ½ Zitrone
einige Spritzer Tabasco
1 Prise Zucker
1 TL scharfer Senf
Salz und Pfeffer aus der Mühle

Die Sojasprossen mit den anderen Salatzutaten vermischen. In einem Rührbecher mit einem Elektroquirl das Salatdressing anrühren, pikant abschmecken und über den Salat gießen.

Süßer Sojasprossen-Mandarinen-Salat

250 g Sojasprossen
4 Mandarinen, in Spalten geteilt
2 kleingewürfelte Äpfel, mit Zitronensaft beträufelt
1–2 TL Zucker
½ Tasse Rahm, steif geschlagen

Sojasprossen, Mandarinen und Apfelwürfel vermischen und zuckern. Den Schlagrahm unterheben und mit einigen Mandarinenspalten garnieren.

Glasnudel-Sprossen-Salat

50 g Glasnudeln, mit kochendem Wasser überbrüht und 10 Minuten lang ausgequollen; abgetropft und in ca. 5 cm lange Stücke geschnitten
250 g Sojasprossen
ca. 250 g Bambussprossen (½ Dose), geraspelt
1 geraspelte Karotte
1 geraspelte Petersilienwurzel
einige Frühlingszwiebeln, in feine Ringe geschnitten
2 EL geröstete Sesamkörner zum Bestreuen

Salatsauce:
1–2 EL Sesamöl
1–2 EL Sonnenblumenöl
2 EL Sojasauce
1 EL Weinessig
1 Prise Zucker
einige Spritzer Tabasco
Salz und Pfeffer aus der Mühle

Die Glasnudeln mit den anderen Zutaten mischen und die Salatsauce darübergießen. 2 EL Sesamkörner in einer Pfanne ohne Fett anrösten und über den Salat streuen.

Sojasprossen-Muschel-Salat

250 g Sojasprossen
200 g eingelegte oder gegarte frische Muscheln
etwas Muschelsaft aus der Dose oder Muschelkochsud
einige feingewiegte Schalotten
Saft von ½ Zitrone
einige Spritzer Tabasco
1 Prise Zucker
Salz

Sojasprossen, Schalotten und Muscheln vermischen und anrichten. Etwas Muschelsaft mit Zitronensaft verrühren, mit 1 Prise Zucker, Tabasco und Salz abschmecken und über den Salat gießen.

Sojasprossen-Hähnchen-Salat

ca. 250 g ausgelöstes Hähnchenfleisch, gegrillt, gebraten oder gekocht; nach Belieben enthäutet; gewürfelt oder in feine Streifen geschnitten
250 g Sojasprossen

Salatsauce:
2 EL Weinessig
2 EL Apfelessig
1 Spritzer Zitronensaft
1 EL Sojasauce
1 EL Zucker
1 Spritzer Tabasco
Salz
2–3 EL kaltgepreßtes Olivenöl

einige Kopfsalatblätter zum Anrichten

Die Sojasprossen halbieren, mit den Hähnchenstreifen mischen und auf Kopfsalatblättern anrichten. Mit einem elektrischen Handrührer die Salatsauce mit den genannten Zutaten gut verquirlen und über den Salat gießen.

Sojasprossensalat mit marinierter Hähnchenbrust

ca. 500 g Hähnchenbrust-filets

Marinade:
3 EL Sojasauce
1 frische Ingwerknolle, gerieben
einige durchgepreßte Knoblauchzehen
1 Prise Salz

Sonnenblumen- oder Sesamöl zum Braten der Hähnchenfilets

125 g Reisnudeln, gebrochen und mit ½ l kochendem Wasser übergossen; 10 Minuten gequollen und in einem Sieb abgetropft

2 geriebene Karotten
1 Porreestange (untere weiße Hälfte), in sehr dünne Ringe geschnitten
250 g Sojasprossen

Salatsauce:
1 EL Sesamöl
abgelöschter Bratfond von den Hähnchenfilets
4 EL Sojasauce
1 Glas Weißwein
1 EL edelsüßer Paprika
einige Spritzer Tabasco
1 Prise Zucker
1 Prise Salz

Die Hähnchenbrustfilets mit der Marinade bestreichen und abgedeckt ½ Tag durchziehen lassen. Dann die Filets in einer Pfanne in heißem Öl auf jeder Seite jeweils etwa 6 Minuten braten. Das Fleisch herausnehmen, erkalten lassen und dann erst in dünne Streifen schneiden. Den Bratensatz mit etwas Wasser ablöschen, durchrühren und für die Salatsauce verwenden.
Gegarte Reisnudeln, geriebene Karotten, Porreeringe und Bohnensprossen mit den Hähnchenstreifen mischen. Die Salatsauce mit den genannten Zutaten anrühren, pikant abschmecken und über den Salat gießen. Noch ¼ Stunde durchziehen lassen.

Chinesischer Geflügelsalat mit Sojasprossen

1 gegrilltes Hähnchen, enthäutet, ausgelöst und gewürfelt
150 g frische braune Egerlinge, in Scheibchen geschnitten; oder chinesische Pilze aus der Dose
250 g Sojasprossen
2 Stengel Bleichsellerie, geputzt und in Ringe geschnitten
2 Ananasscheiben, gewürfelt

Marinade:
2 EL Erdnußöl
Saft von 1 Zitrone
½ Tasse Ananassaft
2 EL Sojasauce
1 Prise Zucker
1 Prise Salz
Weißer Pfeffer aus der Mühle

Das gewürfelte Hähnchenfleisch mit den anderen Zutaten vermischen. Die Marinade mit einem Handrührer verquirlen, abschmecken und über den Salat gießen. 1 Stunde durchziehen lassen.

Rindfleisch-Sojasprossen-Salat

ca. 250 g kalte Rindfleisch-Reste (gebraten, geschmort oder gekocht), in Scheiben und dann in schmale Streifen geschnitten
200 g Sojabohnensprossen
1 Frühlingszwiebel, in dünne Ringe geschnitten
200 g Sojabohnensprossen
1 Frühlingszwiebel, in dünne Ringe geschnitten
1 Paprikaschote, geputzt, halbiert und in Streifen geschnitten

Salatsauce:
Saft von 1 Zitrone
½ TL Zucker
3 EL Erdnuß- oder Distelöl
1 EL Sesamöl
2 EL Sojasauce
einige Spritzer Tabasco
Salz

Das Rindfleisch mit den anderen Zutaten vermischen. Mit einem Handrührer die Sauce gut verquirlen und mit Tabasco und Salz abschmecken. Unter den Salat mischen und alles noch etwas durchziehen lassen.

Indonesischer Sojasprossensalat mit Hähnchenbrust

ca. 500 g Hähnchenbrustfilets
2 EL Sesamkörner, ohne Fett in einer Pfanne goldgelb geröstet; zum Bestreuen
3 EL Sonnenblumenöl zum Braten der Filets

Marinade:
3 EL Sojasauce
1 TL Sambal oelek (Indonesische Chilipaste)
1 Stück frische Ingwerwurzel, gerieben
2 durchgepreßte Knoblauchzehen

250 g Sojasprossen
1 geraffelte Karotte
1 geraffelter Rettich
1 Stange Porree (unterer Teil), in sehr dünne Ringe geschnitten
1 geschälter, geraffelter Apfel, mit Zitronensaft beträufelt

Salatsauce:
2 EL Sonnenblumenöl
2 EL süße indonesische Sojasauce
1 EL Weinessig
1 EL Apfelessig
Salz und Pfeffer aus der Mühle

Die Hähnchenbrustfilets mit der Marinade bestreichen und einige Stunden durchziehen lassen. Dann in einer Pfanne die Filets in heißem Öl auf jeder Seite etwa 5 Minuten braten. Das Fleisch erkalten lassen und dann in Streifen schneiden. Den Bratensaft zur Salatsauce geben.
Die genannten Salatzutaten und das Hähnchenfleisch vermischen und die Salatsauce darübergießen. Mit gerösteten Sesamkörnern bestreuen.

Sojasprossen-Pilz-Salat mit Rinderzunge

250 g Sojasprossen
250 g frische braune Egerlinge oder Champignons, in dünne Scheibchen geschnitten
2 Avocados, geschält, halbiert, entsteint und in dünne Scheiben geschnitten
200 g gepökelte Rinderzunge, in dünne Scheiben geschnitten
Saft von 1 Zitrone zum Beträufeln der Pilze und der Avocados
1 filetierte Grapefruit

Salatsauce:
2 rohe Eidotter
3–4 EL kaltgepreßtes Olivenöl
Saft von ½ Zitrone und etwas Grapefruitsaft (ausgepreßt)
1 TL scharfer Senf
1 EL frische feingewiegte Estragonblättchen
Salz und Pfeffer aus der Mühle
½ Tasse steifgeschlagener Rahm

Die genannten Salatzutaten miteinander vermischen. In einem Rührbecher mit dem Handrührer die Salatsauce gut verquirlen. Abschmecken und den Schlagrahm unterheben. Über den Salat gießen und sofort servieren.

Suppen mit Sojasprossen

Wildkräutersuppe mit Sojasprossen

1 kleine Schüssel frischer Wildkräuter, grob geschnitten: reichlich Brunnenkresse, Brennesselspitzen, Bärlauch, Geißfuß (Giersch), Sauerampfer u. a.
1 feingewiegte Zwiebel
einige ausgestochene Bärlauchzwiebeln, halbiert oder einige Knoblauchzehen, in Scheibchen geschnitten
3 mittelgroße Kartoffeln, gewürfelt
2 EL Sonnenblumenöl
½ l Hühnerbrühe
¼ l Milch
1 Spritzer Tabasco
Salz und Pfeffer aus der Mühle
250 g Sojasprossen, längere Sprossen zerteilt
2 EL Rahm

Die gewaschenen Wildkräuter mit der Zwiebel, dem Bärlauch oder dem Knoblauch in heißem Öl unter ständigem Rühren andünsten, bis sie zusammenfallen. Die gewürfelten Kartoffeln dazugeben und mit Hühnerbrühe aufgießen. Das Ganze aufkochen und ½ Stunde lang köcheln lassen. Mit dem Schnellmixstab eines Handrührers pürieren und nach Belieben noch durch ein Sieb streichen.
Etwas Milch unterrühren, bis die Suppe von cremiger Konsistenz ist und mit Tabasco, Salz und Pfeffer abschmecken. Zum Schluß die zerteilten Sojasprossen und den Rahm dazugeben und die Suppe noch 2 Minuten köcheln lassen. Mit einigen zurückbehaltenen Brunnenkressenblättchen und mit einigen Sojasprossen garnieren.

Sojasprossen-Gemüse-Suppe

ca. 300 g Sojabohnensprossen
1 Karotte, geputzt und in Stiftchen geschnitten
½ Porreestange (unterer weißer Teil), gesäubert und in dünne Ringe geschnitten
1 Stengel Staudensellerie, geputzt und in Scheibchen geschnitten
1 Paprikaschote, halbiert, geputzt und in möglichst dünne Streifen geschnitten
einige Knoblauchzehen, in Scheibchen geschnitten
1 kleine Schüssel Spinatblätter
weiteres kleingeschnittenes Gemüse nach Saison
Salz und Pfeffer aus der Mühle
1 Büschel frischer Kräuter, grob geschnitten: Basilikum, Petersilie, Schnittlauch, etwas Liebstöckl o. a.
2–3 EL Olivenöl zum Andünsten
Parmesan zum Bestreuen

In einem großen gußeisernen Topf in Olivenöl unter ständigem Rühren das Gemüse andünsten, dann ablöschen und mit ca. 1 l Wasser aufgießen. Einmal aufkochen und 20 Minuten bei kleiner Flamme köcheln lassen. Mit Salz und Pfeffer abschmecken und erst zum Schluß die Kräuter dazugeben. In den Suppentellern mit Parmesan bestreuen.

Koreanische Sojasprossensuppe mit Rindfleisch

1 l Wasser
ca. 300 g Sojasprossen
2 feingewiegte Frühlingszwiebeln
250 g mageres Rindfleisch, in feine Streifen geschnitten

Marinade:
2 EL Sojasauce
1 EL Sesamöl
schwarzer Pfeffer aus der Mühle
2–3 durchgepreßte Knoblauchzehen

Die Rindfleischstreifen einige Stunden in der Marinade durchziehen lassen. Dann unter ständigem Rühren das Fleisch in einem Topf andünsten. Mit Wasser aufgießen und die Sojasprossen dazugeben. Die Suppe aufkochen und ½ Stunde bei kleiner Flamme köcheln lassen. Die feingewiegten Frühlingszwiebeln dazugeben und mit Salz und Sojasauce abschmecken.

Scharf-saure Hühnersuppe mit Sojasprossen

1 l Hühnerbrühe
1 EL Speisestärke
1 Prise Salz
2 EL süße indonesische Sojasauce
250 g gegartes Hähnchenfleisch (Bratenreste), ausgelöst und kleingewürfelt
250 g Sojasprossen
einige kräftige Spritzer Tabasco
2–3 EL Weinessig
2 verquirlte Eier

Die Hühnerbrühe aufkochen. 1 EL Speisestärke mit Salz, Sojasauce und etwas kalter Hühnerbrühe glattrühren und mit dem Fleisch und den Sojasprossen in die Suppe geben. Das Ganze einige Minuten köcheln lassen und mit Tabasco und Weinessig scharf-sauer abschmecken. Die Suppe vom Feuer nehmen und langsam die verquirlten Eier einrühren.

Sojasprossen-Krabben-Suppe

250 g Krabben
Salz
Saft von ½ Zitrone
einige Spritzer Tabasco

1 l Hühnerbrühe
250 g Sojabohnensprossen
einige Tomaten, blanchiert, geschält und geachtelt
Salz und Pfeffer
etwas Sojasauce zum Abschmecken
etwas frische Minze zum Bestreuen, zerpflückt oder grob geschnitten

Die Krabben mit Zitronensaft und Tabasco beträufeln, salzen und etwas durchziehen lassen. Die Hühnerbrühe aufkochen und die Sojasprossen, Tomaten und Krabben dazugeben. Alles noch einmal kurz aufkochen lassen und mit Sojasauce, Salz und Pfeffer abschmecken. In den Suppentellern oder -tassen mit frischer Minze bestreuen.

Chinesische Sojasprossensuppe mit Schweinefleisch

1 l Fleisch- oder Hühnerbrühe
200 g Schweinefleisch, in papierdünne Scheiben geschnitten
250 g Sojasprossen
2 Frühlingszwiebeln, in dünne Ringe geschnitten
2 EL Sojasauce
1 Prise Glutamat
1 Prise Salz

Die Brühe aufkochen und die Schweinefleischscheiben 5 Minuten kochen lassen. Dann die Sojasprossen und die Frühlingszwiebeln dazugeben und die Suppe bei schwacher Hitze noch 10 Minuten köcheln lassen. Mit Sojasauce, Salz und Glutamat würzen.

Suppenhuhn mit Sojasprossen auf indonesische Art

1 Suppenhuhn, 2 Stunden mit etwas Wurzelwerk und Salz gekocht, ausgelöst, enthäutet und gewürfelt
1 Zwiebel, in Ringe geschnitten
einige Knoblauchzehen, geschält und in Scheibchen geschnitten
1 Stück frische Ingwerwurzel, gerieben
1 Stengel Staudensellerie, geputzt und kleingeschnitten
250 g Sojasprossen, kurz in Butter angedünstet
einige im Mörser zerstoßene Pfefferkörner, Salz
1 Bund Schnittlauch, in Röllchen geschnitten
1 hartgekochtes gehacktes Ei zum Bestreuen

Die Hühnerbrühe durchseihen und entfetten. Zwiebelringe, Sellerie und Ingwer dazugeben und alles ¼ Stunde lang köcheln lassen. Suppenhuhnwürfel und zerstoßenen Pfeffer unterrühren und mit Salz abschmecken.
Zur Suppe in den Tellern oder Tassen die gedünsteten Sojasprossen geben und alles mit gehacktem Ei und Schnittlauch bestreuen.

Suppenhuhnbrühe mit Sojasprossen

2 l Wasser
1 zerlegtes Suppenhuhn
1 Zwiebel, halbiert
1 Stück frische Ingwerwurzel, in Scheiben geschnitten
Salz
2 EL Sonnenblumenöl
2 Zwiebeln, in dünne Ringe geschnitten
250 g Sojasprossen
einige Spritzer Tabasco
2–3 EL Sojasauce
1 unbehandelte Zitrone, in dünne Scheiben geschnitten

2 l Wasser aufkochen, Suppenhuhn, Zwiebel, Ingwer und Salz dazugeben und alles 2 Stunden lang sieden lassen, bis sich das Fleisch leicht von den Knochen lösen läßt. Die Hühnerbrühe abseihen und entfetten. Die Suppenhuhnteile enthäuten, auslösen und kleinwürfeln.
In einem Topf in heißem Öl die Zwiebelringe andünsten, dann die Sojasprossen dazugeben und unter ständigem Rühren einige Minuten mitbraten.
Die Hühnerbrühe nochmals aufkochen, Hühnerfleisch, Zwiebeln und Sojasprossen dazugeben und mit Salz, Tabasco und Sojasauce abschmecken. Zur Suppe in den Tellern oder Tassen einige Zitronenscheiben geben.

Süß-saure Hühnersuppe

500 g Hühnerklein, in 1 l Wasser 1 Stunde lang gekocht
kleingeschnittenes Wurzelwerk: 1 Zwiebel, 1 Karotte, 1 Stück Sellerie, ½ Porreestange, 1 Petersilienwurzel
einige getrocknete Morcheln, in warmem Wasser ½ Stunde lang eingeweicht
200 g frische Ananas, geschält und in feine Streifen geschnitten
150 g Sojasprossen
1 Schuß Weinessig und Obstessig
3 EL Sojasauce
1–2 TL Zucker
Salz und Pfeffer aus der Mühle
150 g gekochter Reis
1 Büschel Schnittlauch zum Bestreuen

Die Hühnerbrühe durchseihen und entfetten. Das Hühnerklein auslösen und mit dem kleingeschnittenen Gemüse zur Suppe geben. Aufkochen und ¼ Stunde köcheln lassen. Dann die Pilze, Ananasstreifen und Sojasprossen unterrühren und einige Minuten ziehen lassen. Mit Essig, Sojasauce, Zucker, Salz und Pfeffer abschmecken. Den gekochten Reis untermischen und die Suppe mit Schnittlauchröllchen bestreuen.

Indonesische Hühnersuppe mit Sojasprossen

1 zerteiltes Hähnchen
Salz
einige Pfefferkörner
etwas Selleriegrün
1 Zwiebel
1 Stück Ingwerwurzel, in Scheiben geschnitten
2 zerdrückte Knoblauchzehen

50 g Glasnudeln, in heißem Wasser eingeweicht
ca. 300 g Sojasprossen
2 feingewiegte Frühlingszwiebeln zum Bestreuen

1 l Wasser aufkochen und das Hähnchen und die anderen Zutaten 45 Minuten lang köcheln lassen. Die Suppe dann durchsieben und entfetten. Das Hähnchenfleisch auslösen, enthäuten und kleinwürfeln.
Die eingeweichten Glasnudeln in heißem Wasser ca. 20 Minuten ziehen lassen, dann absieben und kleinschneiden. Nudeln, Hähnchenfleisch und Sojasprossen in die Suppe geben. Wieder aufkochen lassen und in den Tellern mit Frühlingszwiebeln bestreuen.

Sojasprossen-Porree-Suppe

1 l Hühnerbrühe
250 g Sojasprossen
1 Stange Porree, in sehr dünne Ringe geschnitten
1–2 EL Sojasauce zum Abschmecken
Salz
2 verquirlte Eier

Die Hühnerbrühe aufkochen, Sojasprossen und Porreeringe dazugeben und das Ganze etwa 10 Minuten köcheln lassen. Die Suppe mit Salz und Sojasauce abschmecken, dann vom Feuer nehmen und langsam die verquirlten Eier einrühren.

Fleisch und Geflügel mit Sojasprossen

Schweinsrouladen auf chinesische Art

4 dünne Schweinsrouladen à 150 g, mit einer Mischung aus dem Saft von 1 Zitrone und ½ Tasse Sojasauce ½ Stunde oder länger mariniert

Füllung:
1 feingewiegte Zwiebel
einige Trockenpilze, ½ Stunde in warmem Wasser eingeweicht; oder einige blättrig geschnittene Zuchtpilze, in etwas Öl kurz angedünstet
ca. 100 g Sojasprossen, kleingeschnitten
Salz und Pfeffer

2 Tassen Hühnerbrühe
1 Prise Zucker
1 EL Speisestärke, in etwas Wasser angerührt
etwas Sojasauce zum Abschmecken
ca. 150 g blanchierte Sojasprossen
Sonnenblumenöl zum Braten

Zwiebel, Pilze und Sojasprossen in heißem Öl unter Rühren kurz andünsten, dann salzen und pfeffern. Die Rouladen mit der Füllung bedecken, aufrollen und mit Spießen zusammenstecken oder zusammenklammern. In heißem Öl rundum scharf anbraten. Die verbliebene Marinade und etwas Brühe dazugießen und die Rouladen zugedeckt bei sehr schwacher Hitze 1 Stunde lang schmoren lassen. Brühe nachgießen und die Sauce mit Speisestärke binden. Mit 1 Prise Zucker und Sojasauce abschmecken und zum Schluß die blanchierten Sojasprossen dazugeben. Reis oder chinesische Glasnudeln dazu servieren.

Steaks mit Sojasprossen und Pilzen

4 200 g Steaks
etwas Sonnenblumenöl
200 g blättrig geschnittene Pilze: Egerlinge, Braunkappen, Austernseitlinge oder Shiitake, in Butter kurz gebraten
200 g Sojasprossen, in kochendem Wasser blanchiert
1 Bündel frische Kräuter, grob geschnitten: Thymian, Petersilie, Basilikum, etwas Rosmarin
Salz und Pfeffer aus der Mühle

Die Steaks rundum mit Öl bestreichen und 2 Stunden ruhen lassen. In sehr heißem Öl das Fleisch dann auf jeder Seite 1 Minute anbraten. Bei mittlerer Hitze die Steaks noch 2–4 Minuten auf jeder Seite braten, je nachdem, ob man sie rot (rare), rosa (medium) oder durch (welldone) haben will.
Die gebratenen Pilze und die abgetropften blanchierten Sojasprossen über die Steaks verteilen. Mit den Kräutern bestreuen und mit Salz und Pfeffer würzen. Dazu Gemüse und Salate nach Saison servieren.

Schweinefleisch mit Bambus- und Sojasprossen

(Chinesisch)

500 g mageres Schweinefleisch (Schnitzel, Filet oder aus der Nuß), in dünne Streifen geschnitten
einige getrocknete Morcheln, in warmem Wasser ½ Stunde eingeweicht
3 Zwiebeln, in Ringe geschnitten
einige Knoblauchzehen, in Scheibchen geschnitten
ca. 150 g Bambussprossen (Konserve), schräg in keilförmige Stücke geschnitten
250 g Sojasprossen
1 Porreestange, in Ringe geschnitten
1–2 Chilischoten, entkernt und kleingeschnitten
einige EL Sonnenblumenöl
etwas Zitronengras
2 EL Sojasauce
Salz und Pfeffer aus der Mühle

In einer Pfanne in heißem Öl die Fleischstreifen unter ständigem Rühren 1 Minute anbraten, wieder herausnehmen und warmstellen. Dann das Gemüse in der Pfanne unter Rühren einige Minuten dünsten, das Fleisch dazugeben und mit Zitronengras, Sojasauce, Salz und Pfeffer würzen. Sofort servieren und körnigen Reis dazu reichen.

Poularde mit Sojasprossen

(In der Bratfolie geschmort)

1 Poularde, in Stücke zerteilt
1 Tasse Ananasstücke, frisch oder Konserve
einige Trockenpilze, ½ Stunde in warmem Wasser eingeweicht
1 Stange Porree, in Stücke geschnitten
1 Stück frische Ingwerwurzel, gerieben
3 EL Sojasauce
1 Gläschen Sherry
einige Spritzer Tabasco
1 TL Zucker
Salz
250 g Sojasprossen, in kochendem Wasser kurz blanchiert und abgetropft

In einer Schüssel die Poulardenteile mit den anderen Zutaten mischen, Sojasauce und Sherry mit Ingwer, Tabasco, Zucker und Salz verrühren und untermischen. Das Ganze in die Bratfolie füllen, zubinden, einstechen und auf dem Rost im Backofen bei 200° C etwa 40 Minuten lang schmoren. Poularde und Gemüse anrichten und zum Schluß die blanchierten heißen Sojasprossen unter das Gemüse mischen. Dazu Reis servieren.

Rinderfilet mit Sojasprossen

(Im Dampf gegart)

300 g Rinderfilet, in sehr dünne Scheiben geschnitten
Saft von 1 Zitrone
2 EL Sojasauce

2 Karotten, in Stifte geschnitten
1 Stück Sellerieknolle, in Stifte geschnitten
1 Stange Porree, in Ringe geschnitten
etwas Sojasauce
Salz
250 g Sojasprossen
1 TL Speisestärke, mit etwas Wasser angerührt

Die Filetscheiben in Zitronensaft und Sojasauce 1 Stunde marinieren. In einen großen Topf $\frac{1}{4}$ l Wasser gießen, eine Tasse umgekehrt hineinsetzen und eine kleine Schüssel oder einen tiefen Teller daraufstellen. Karotten, Sellerie und Porree hineingeben und zugedeckt 10 Minuten lang im Dampf garen. Dann die Filetscheiben und Sojasprossen darauf verteilen und alles noch etwa 5 Minuten zugedeckt dämpfen. Mit Salz und Sojasauce würzen. Den Gemüsesaft in einen kleinen Topf umgießen, erhitzen, mit Stärkemehl binden und mit Sojasauce abschmecken.

Beilagen:
Petersilien-, Salz- oder Pellkartoffeln

Schweinefleisch mit Sojasprossen

2 EL Ernuß- oder Sonnenblumenöl
250 g Egerlinge, Braunkappen oder eingeweichte chinesische Trockenpilze, in Scheiben geschnitten
1 Stange Porree, in dünne Ringe geschnitten
ca. 500 g Schweinefleisch (Bratenreste oder rohes Schweinefilet), in Streifen geschnitten
250 g Sojasprossen
2 EL Sojasauce
1 TL Speisestärke
1 Gläschen Sherry oder Sake
einige Spritzer Tabasco
1 Prise Salz

In heißem Öl die Pilze und den Porree unter ständigem Rühren einige Minuten lang anbraten. Dann die Fleischstreifen und die Sojasprossen unterrühren, Sojasauce dazugießen und das Ganze zugedeckt 5 Minuten schmoren lassen. Die Speisestärke mit Sherry glattrühren, dazugießen und alles unter Rühren noch 2 Minuten köcheln lassen. Mit Tabasco und Salz abschmecken und Reis dazu servieren.

Schweine-Geschnetzeltes mit Sojasprossen und Palmitos

(In der Bratfolie geschmort)

500 g Schweineschnitzel, in Streifen geschnitten

Marinade:
2 EL Sonnenblumenöl
2 EL Sojasauce
Saft von ½ Zitrone
1 Prise Zucker

2 Karotten, in Stifte geschnitten
1 Stück Sellerieknolle, in Stifte geschnitten

200 g Sojasprossen
ca. 150 g Palmitos (Konserve), in dünne Scheibchen geschnitten
einige Trockenpilze, ½ Stunde in warmem Wasser eingeweicht oder einige blättrig geschnittene Zuchtpilze
½ Tasse Fleischbrühe

Die Marinade anrühren und die Fleischstreifen ½ Stunde oder länger darin ziehen lassen. Das Fleisch und Gemüse in die Bratfolie füllen und etwas Marinade und Fleischbrühe dazugießen. Die Folie mit Draht verschließen und einstechen. Auf dem Rost im Backofen bei 200° C ½ Stunde lang schmoren lassen. Reis dazu servieren.

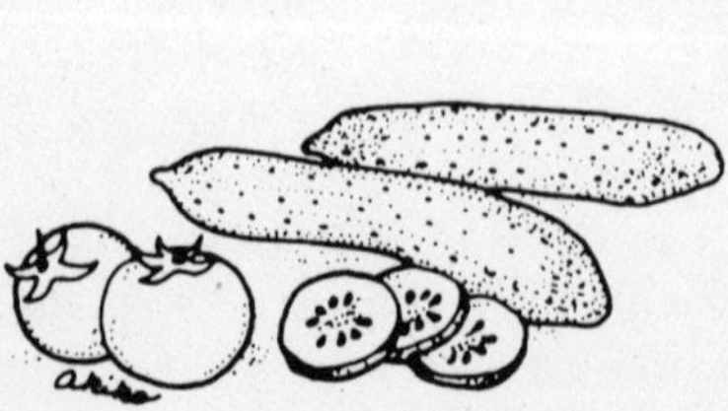

Rumpsteak mit Bambus- und Sojasprossen

(Chinesisch)

500 g Rumpsteak oder Rinderfilet, in sehr dünne Streifen geschnitten
2 zerdrückte Knoblauchzehen
1 Stück frischer Ingwer, gerieben
1 Zwiebel, halbiert und in sehr dünne Ringe geschnitten
½ Paprikaschote, blanchiert und gewürfelt
ca. 150 g Bambussprossen (Konserve), in Stiftchen geschnitten
250 g Sojasprossen
1 EL Sojasauce
1 TL Hoisinsauce
1 EL Speisestärke, in etwas Wasser glattgerührt
Erdnuß- oder Sonnenblumenöl zum Braten
2–3 EL gehackte Walnüsse zum Bestreuen

In einer Pfanne in heißem Öl Zwiebel, Paprikaschote und Knoblauch unter Rühren kurz andünsten, dann wieder herausnehmen. Etwas Öl in die Pfanne geben, stark erhitzen und die Fleischstreifen pfannenrühren, bis sie zu bräunen beginnen. Bambus- und Sojasprossen untermischen und 2 Minuten mitgaren. Sojasauce, Hoisinsauce und Ingwer mit Speisestärke verrühren und unterziehen. Das Gemüse wieder dazugeben und alles noch 1 Minute köcheln lassen. Mit Reis oder Nudeln servieren.

Sojasprossen mit Fleischbällchen

(In der Bratfolie gegart)

250 g Sojasprossen
3 EL Sojasauce
250 g blättrig geschnittene Pilze: Egerlinge, Braunkappen, Shiitake oder Austernseitlinge, in zerlassener Butter kurz geschwenkt
1 Büschel grob geschnittene Petersilie

Fleischbällchen:
250 g Hackfleisch
125 g Kalbsbrät
2 EL trockener Magerquark
1 Eidotter
1 geriebene Zwiebel
etwas feingewiegter Thymian
Salz und Pfeffer aus der Mühle

In einer Schüssel Sojasprossen, Sojasauce, Pilze und Petersilie durchmischen und in die Bratfolie füllen.
Hackfleisch und Kalbsbrät mit Quark, Eidotter und der Zwiebel vermengen und mit Thymian, Salz und Pfeffer würzen. Kleine Fleischbällchen von Tischtennisball-Größe formen und auf das Gemüse in der Bratfolie legen. Die Folie zubinden, einstechen und auf dem Rost im Backofen bei 200° C etwa 40 Minuten lang garen. Dazu Reis servieren.

Entenfleisch mit Sojasprossen

ca. 500 g gegartes Entenfleisch (Bratenreste), in Streifen geschnitten
250 g Sojasprossen
2 EL Sonnenblumenöl
3 EL Sojasauce
1 Gläschen Sherry
Salz und Pfeffer aus der Mühle
1 Büschel Schnittlauch zum Bestreuen

In heißem Öl das Entenfleisch und die Sojasprossen unter Rühren 2 Minuten braten, Sojasauce und Sherry dazugießen und das Ganze noch etwas köcheln lassen. Mit Salz und Pfeffer abschmecken und mit Schnittlauch bestreuen. Dazu Reis servieren.

Rindsrouladen mit Sprossenfüllung
(Chinesisch)

4 Rindsrouladen

Füllung:
1 Tasse Bambussprossen, in Stifte geschnitten
2 Tassen Sojasprossen, längere Sprossen kleingeschnitten
einige getrocknete Morcheln, in warmem Wasser ½ Stunde eingeweicht

2 EL Sojasauce
Salz und Pfeffer

3–4 EL Sonnenblumenöl zum Braten
1 feingewiegte Zwiebel
1 Gläschen Sherry
1 Tasse Fleischbrühe
1 TL Speisestärke, in etwas Wasser glattgerührt

In einer Schüssel die Sprossen und Pilze mischen und kräftig mit Sojasauce, Salz und Pfeffer würzen.
Die Rindsrouladen vorsichtig klopfen, leicht salzen und pfeffern und mit der Füllung belegen. Zusammenrollen und mit Spießen oder Klammern fixieren.
Die Rouladen in heißem Öl rundum scharf anbraten, dann die Zwiebel dazugeben und mit Sherry und etwas Fleischbrühe aufgießen. Zugedeckt bei schwacher Hitze 45 Minuten lang schmoren lassen. Etwas Brühe nachgießen und die Sauce nach Belieben mit Speisestärke binden. Reis dazu servieren.

Marinierte Truthahnbrust mit Sojasprossen

ca. 500 g Truthahnbrust (Truthahnfilets), enthäutet und in Streifen geschnitten
3 EL Erdnuß- oder Sonnenblumenöl zum Braten
250 g Sojasprossen
1 Stange Porree (unterer Teil), in sehr dünne Ringe geschnitten
1 Stück frische Ingwerwurzel, geraspelt
2 Knoblauchzehen, in Scheibchen geschnitten
½ Tasse Hühnerbrühe
1–2 TL Sojasauce
Salz und Pfeffer aus der Mühle

Marinade:
2 EL Sojasauce
2 EL Sherry
1 TL Speisestärke
1 Eiweiß, leicht geschlagen

Die Marinade anrühren und die Fleischstreifen einige Stunden darin ziehen lassen. In einem Topf in 1 EL heißem Öl Sojasprossen, Porree, Ingwer und Knoblauch unter ständigem Rühren kurz anbraten, dann wieder herausnehmen und beiseite stellen. Dann im Topf 2 EL Öl erhitzen und das Truthahnfleisch unter Rühren bei starker Hitze einige Minuten lang braten. Das Gemüse unterrühren und mit Hühnerbrühe aufgießen. Mit Sojasauce, Salz und Pfeffer abschmecken. Das Ganze einmal aufkochen und zu Reis servieren.

Frische Curry-Kräutersuppe mit Sojasprossen

1 feingewiegte Zwiebel
1 großes Büschel gemischte Kräuter, grob geschnitten: Sauerampfer, Kerbel, Petersilie, Brunnenkresse o. a.
2 Scheiben Butter
3 gewürfelte Kartoffeln
1 geriebener oder gewürfelter Apfel
¾ l Hühner- oder Fleischbrühe
1–2 TL Curry
etwas abgeriebene Zitronenschale
1 Spritzer Tabasco
Salz und Pfeffer aus der Mühle
250 g Sojasprossen, kurz blanchiert; längere Sprossen in Stücke geschnitten
2 Eidotter, mit 1 EL Rahm und 1 Prise Salz verquirlt

Die Zwiebel und die Kräuter in Butter unter Rühren kurz andünsten, dann die Kartoffeln und den Apfel dazugeben und mit Brühe aufgießen. Aufkochen und 20 Minuten köcheln lassen. Die Suppe mit dem Schnellmixstab eines Handrührers pürieren und nach Belieben noch durch ein Sieb streichen. Mit Curry, Zitronenschale, Tabasco, Salz und Pfeffer würzen. Die Sojasprossen dazugeben und zum Schluß die nicht mehr kochende Suppe mit dem Eierrahm legieren. Mit einigen zurückbehaltenen zerpflückten Kräutern bestreuen.

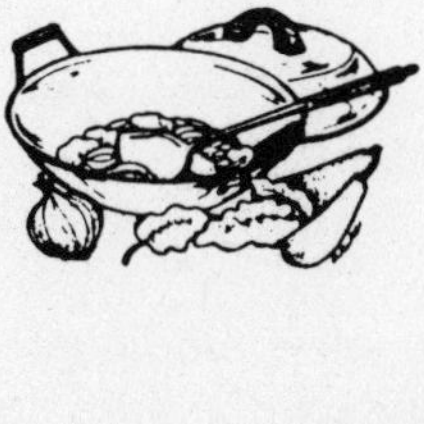

Hähnchenbrustfilets mit Sojasprossen

2 ausgelöste Hähnchenbrustfilets, in feine Streifen geschnitten
1 EL Speisestärke
1 Eiweiß, leicht geschlagen
1 TL Salz
1 Gläschen Sherry
250 g Sojasprossen
einige EL Sonnenblumenöl zum Braten

Die Hähnchenfiletstreifen in Speisestärke wälzen. Leicht geschlagenes Eiweiß, Salz und Sherry mischen und über das Fleisch geben.
In einem gußeisernen Topf in heißem Öl die Sojasprossen unter ständigem Rühren 2 Minuten anbraten, dann herausnehmen, in ein Sieb geben und abtropfen lassen. Das Hähnchenfleisch in den Topf geben und unter Rühren bei guter Hitze etwa 5 Minuten braten. Mit den Sojasprossen anrichten und Reis dazu servieren.

Hähnchenragout mit Sojasprossen

ca. 250 g Hähnchenbrustfilets, in Streifen geschnitten
Salz und Pfeffer aus der Mühle
100 g Cashew-Kerne
2 EL Olivenöl
einige kleingeschnittene Schalotten
1 Tasse entsteinte oder gefüllte Oliven
250 g Sojasprossen
1 Tasse Fleisch- oder Hühnerbrühe
2 Gläser Weißwein
½ Tasse Rahm, mit 1 TL Speisestärke verrührt

Das Hähnchenfleisch salzen und pfeffern. In einem Topf in heißem Öl unter ständigem Rühren das Fleisch und die Cashew-Kerne einige Minuten lang anbraten. Dann die Schalotten, Oliven und Sojasprossen dazugeben und alles durchrühren. Mit Brühe und Weißwein ablöschen und das Ragout bei schwacher Hitze zugedeckt 20 Minuten schmoren lassen. Dann mit Rahm und Speisestärke binden und mit Salz und Pfeffer abschmecken. Dazu Reis servieren.

Sojasprossen-Hähnchen auf chinesische Art

1 Hähnchen, entbeint und in Würfel geschnitten
3 geviertelte Tomaten, blanchiert und geschält
1 Zwiebel, in dünne Ringe geschnitten
ca. 300 g Sojasprossen
1 Tasse Hühnerbrühe
2–3 EL Sojasauce
Salz und weißer Pfeffer
1 TL Speisestärke, mit etwas Wasser angerührt

In einem Topf die Hähnchenwürfel in heißem Öl rundum anbraten. Dann die Tomaten und Zwiebelringe und zuletzt die Sojasprossen dazugeben und unter ständigem Rühren kurz andünsten. Mit Hühnerbrühe aufgießen und aufkochen lassen. Mit Speisestärke binden, noch etwas köcheln lassen und mit Sojasauce, Salz und Pfeffer abschmecken.

Süß-saure Fleischwurst auf chinesische Art

ca. 500 g Fleischwurst, enthäutet und in Scheiben oder Stifte geschnitten
2 EL Speisestärke
3–4 EL Sonnenblumenöl

Marinade:
2–3 EL Sojasauce
Saft von 1 Zitrone
½ Tasse Ananassaft
Salz

250 g Sojasprossen
150 g junge Erbsen
½ Tasse Ananasstückchen
½ Paprikaschote, kurz blanchiert und kleingewürfelt
1 Tasse Fleischbrühe, mit 1 TL Speisestärke verrührt
einige Spritzer Tabasco
1 Prise Zucker
Salz

Die Fleischwurststücke in der Marinade einige Stunden lang durchziehen lassen, dann in Speisestärke wenden und in heißem Öl in einer großen Pfanne in wenigen Minuten knusprig braun braten. Dann die Wurststücke aus der Pfanne nehmen und zugedeckt warmhalten.
Sojasprossen, Erbsen, Ananas und Paprikawürfel in die Pfanne geben. Die Fleischbrühe und verbliebene Marinade dazugießen und das Ganze unter Rühren einige Minuten köcheln lassen. Mit Tabasco, Zucker, Salz, Sojasauce und etwas Zitronen- und Ananassaft abschmecken. Die Wurststücke dazugeben und das Ganze zu Reis servieren.

Eiergerichte mit Sojasprossen

Eier-Fou-Yong mit Fleisch und Sojasprossen

(Chinesisch)

6 Eier, mit 1 TL Salz verquirlt
einige getrocknete Morcheln, in etwas warmem Wasser ½ Stunde eingeweicht oder einige blättrig geschnittene Zuchtpilze
150 g Sojasprossen
2 Frühlingszwiebeln, in Röllchen geschnitten
1 Stengel Staudensellerie, in dünne Streifen geschnitten
1–2 EL Sonnenblumen- oder Erdnußöl
ca. 150 g Schinken, Hühner- oder Schweinefleisch, in dünne Streifen geschnitten
50 g Krabben
2 EL Sojasauce
1 Gläschen Sherry
1 TL Zucker
½ TL Speisestärke, in etwas Wasser angerührt

In einer Pfanne in heißem Öl die Fleischstreifen unter Rühren 1 Minute lang braten. Zwiebeln und Sellerie kurz mitbraten, dann Sojasprossen, Krabben, Sojasauce, Sherry und Zucker dazugeben und unter Rühren noch 1 Minute garen. Die Flüssigkeit in einen kleinen Topf abgießen.
Die verquirlten Eier über Fleisch und Gemüse in die Pfanne geben und nur so lange bei schwacher Hitze garen lassen, bis sie gerade zu stocken beginnen. Die Pfanne dann unter einen Grill stellen und die Oberfläche bräunen lassen. Das Ganze auf eine Platte stürzen, in Portionsstücke schneiden und servieren.
Für die Sauce die Flüssigkeit im Topf aufkochen, angerührte Speisestärke dazugeben und mit Sojasauce abschmecken. Zum Eier-Fou-Yong servieren.

Eier-Fou-Yong mit Sojasprossen und süß-saurer Sauce

(Chinesisch)

6 Eier, mit 1 TL Salz verquirlt
250 g Sojasprossen
einige Frühlingszwiebeln, in Röllchen geschnitten
Sonnenblumen- oder Erdnußöl zum Backen

Süß-saure Sauce:
2 EL Sojasauce
1 Gläschen Sherry
3 EL Tomatenketchup
2 EL Weinessig
2 EL Zucker
1½ Tassen Wasser
1 EL Speisestärke, mit etwas Wasser glattgerührt
1 Karotte, in Scheibchen geschnitten und kurz blanchiert
1 kleingeschnittene Zwiebel
1 zerdrückte Knoblauchzehe
1 Stück frische Ingwerwurzel, gerieben
Sonnenblumen- oder Erdnußöl zum Andünsten

Zuerst die süß-saure Sauce bereiten. Die Sojasauce und die anderen Zutaten in Wasser anrühren, bis der Zucker sich gelöst hat. In heißem Öl Karotte, Zwiebel, Knoblauch und Ingwer unter Rühren 2 Minuten dünsten. Die Saucenmischung dazugeben und alles aufkochen lassen. Die Speisestärke unterrühren und die Sauce eindicken lassen.
Sojasprossen und Frühlingszwiebeln unter die geschlagenen Eier mischen. Etwas Öl in einer Pfanne erhitzen und 3 EL der Eiergemüsemischung hineingeben. Kurz backen, bis die Unterseite braun ist, dann wenden und die andere Seite ebenfalls bräunen. Herausnehmen und weitere Fou Yong backen, bis die Eiermischung aufgebraucht ist. Die süß-saure Sauce dazu servieren.

Eierpfannkuchen mit Sojasprossen und Krabben

(Chinesisch)

3 verquirlte Eier
Salz
250 g Sojasprossen, längere Sprossen zerteilt
250 g Hummerkrabbenfleisch, in heißem Öl unter Rühren rosarot angebraten
einige blättrig geschnittene Zuchtpilze; Shiitake, Egerlinge o. a., in Butter kurz angebraten
Sonnenblumenöl zum Backen

Sauce:
1 Tasse Hühnerbrühe
2 EL Sojasauce
Salz
1 EL Speisestärke, in etwas Wasser angerührt

In einer Schüssel die verquirlten Eier mit den Krabben, Sojasprossen und Pilzen vermischen und mit Salz abschmecken. In einer Pfanne Öl erhitzen, 3 EL der Eiermischung hineinsetzen, schwenken und ohne Rühren in 1 Minute hellbraun backen. Dann wenden und auch die andere Seite 1 Minute lang backen. Weitere Eierpfannkuchen auf diese Weise backen, bis die Eiermischung aufgebraucht ist.
Für die Sauce die Hühnerbrühe erhitzen, mit Sojasauce und Salz abschmecken, Speisestärke unterrühren und die Sauce noch etwas köcheln lassen, bis sie sämig wird. Die Pfannkuchen mit der Sauce übergossen servieren.

Chinesische Eierröllchen mit Sojasprossen

Pfannkuchenteig:
1 Tasse gesiebtes Mehl
2 verquirlte Eier
1 TL Salz
1 Tasse Wasser
Sonnenblumenöl zum Ausbacken

2 kleingeschnittene Tofustücke
1 feingewiegte Zwiebel
2 zerdrückte Knoblauchzehen
200 g Sojasprossen, längere Sprossen kleingeschnitten
2 kleine Chinakohlblätter, in feine Streifen geschnitten
100 g Schweinefleisch, in Streifen geschnitten
100 g Krabbenfleisch
2 EL Sojasauce
Salz
Sonnenblumenöl

Aus Mehl, Eiern, Salz und Wasser einen Teig anrühren. In der Pfanne in heißem Öl mehrere Pfannkuchen auf nur einer Seite herausbacken.
In heißem Öl die Tofustücke hellbraun anbraten, herausnehmen und in einem Sieb abtropfen lassen. Zwiebel, Knoblauch, Sojasprossen und Chinakohlblätter in heißem Öl unter Rühren kurz anbraten und wieder herausnehmen. Dann das Schweinefleisch und die Krabben im heißen Öl unter Rühren 2 Minuten braten und die anderen Zutaten wieder dazugeben. Mit Soja und Salz abschmecken. Die Masse dann abkühlen lassen.
Auf die gebackene Seite der Pfannkuchen jeweils 2 EL der Füllung setzen, die Pfannkuchen einschlagen und zusammenrollen. Das Ende mit Salzwasser anfeuchten und zusammendrücken. Die Eierröllchen in der Fritüre bei 170° C goldbraun herausbacken und auf Küchenkrepp abtropfen lassen.

Sojasprossen-Omelette mit Sambal Kecap

(Indonesisch)

250 g Sojasprossen, längere Sprossen kleingeschnitten
2 Zwiebeln, in sehr dünne Ringe geschnitten
2 Karotten, in Stifte geschnitten
1 Stange Bleichsellerie samt den Blättern, kleingeschnitten
etwas Glutamat
1 TL Sambal olek
Salz und Pfeffer aus der Mühle
8 verquirlte Eier
Sonnenblumenöl zum Ausbacken

Sambal Kecap (Sambal-Sojasauce):
1 frische rote Pfefferschote, entkernt und feingewiegt
2 Knoblauchzehen
½ Tasse Kecap Manis (indonesische süße Sojasauce)

Zuerst die Sauce zubereiten. Die Pfefferschote und die Knoblauchzehen in einem Porzellanmörser zu einer Paste zerstampfen. Die Sojasauce untermischen und das Ganze 1 Stunde durchziehen lassen.
Die genannten Zutaten vermischen und mit den Gewürzen abschmecken. Die geschlagenen Eier untermischen. In einer Pfanne in heißem Öl mit der Eiermischung nacheinander 4 Omeletts herausbacken. Dazu die Sambal-Sojasauce servieren.

Omelette mit Shrimps und Sojasprossen
(Chinesisch)

250 g rohe geschälte Shrimps
250 g Sojasprossen, längere Sprossen zerteilt
1 Stück frische Ingwerwurzel, gerieben
1 Zwiebel, in Ringe geschnitten
6 verquirlte Eier
3 EL Sojasauce
etwas Glutamat
Salz und Pfeffer aus der Mühle
Sonnenblumenöl zum Ausbacken

In heißem Öl unter Rühren die geputzten Shrimps braten, bis sie rosarot sind. Ingwer, Sojasprossen und Zwiebelringe unter Rühren kurz mitbraten.
Das Ganze aus der Pfanne nehmen und mit den verquirlten Eiern, Sojasauce, Glutamat, Salz und Pfeffer vermischen. In heißem Öl dann mit der Eiermischung mehrere Omeletts backen.

Frühlingsrollen mit Sojasprossen

Chinesische Frühlingsrollen mit Reispapierblättern

8 Reispapierblätter (erhältlich in Asia-Läden oder in Asien-Abteilungen der Supermärkte)

Fülle:
100 g Rindfleisch, in Streifen geschnitten
1 leicht geschlagenes Eiweiß
2 EL Sojasauce
2 EL Sonnenblumenöl
1 Karotte, in Stifte geschnitten
150 g Sojasprossen
einige getrocknete Morcheln, ½ Stunde in warmem Wasser eingeweicht; oder blättrig geschnittene Zuchtpilze, in Butter kurz gebraten
2 feingewiegte Frühlingszwiebeln
1 durchgepreßte Knoblauchzehe
1 Stück frische Ingwerwurzel, gerieben
1 Büschel krause Minze und Petersilie, zerpflückt

Die Reispapierblätter zwischen zwei nassen Tüchern einweichen. Die Rindfleischstreifen in Eiweiß und Sojasauce wenden und ½ Stunde ziehen lassen. Dann das Fleisch in heißem Öl unter Rühren 1 Minute lang braten. Die Karottenstifte, Sojasprossen, Pilze und Frühlingszwiebeln dazugeben und 2 Minuten mitbraten. Mit Knoblauch und Ingwer würzen, die Kräuter untermischen und mit Sojasauce abschmecken. Jeweils 2 EL Fülle auf ein Reisblatt setzen, das Blatt über die Fülle klappen, an beiden Seiten einschlagen und zusammenrollen. Die Frühlingsrollen 15 Minuten trocknen lassen und dann in der Fritüre bei 170° C knusprig herausbacken und auf Küchenkrepp entfetten. Sojasauce bereitstellen.

Chinesische Frühlingsrollen

Teigblätter für Frühlingsrollen sind auch tiefgekühlt erhältlich.

Teig:
260 g Mehl
½ l Wasser
1 Ei
Salz
Sonnenblumenöl zum Backen

Fülle:
250 g durchgedrehtes mageres Schweinefleisch
100 g geschälte Krabben
250 g Sojasprossen
2 feingewiegte Frühlingszwiebeln
1 EL Sonnenblumenöl
2 EL Sojasauce
1 Prise Zucker
Salz und Pfeffer aus der Mühle

Das durchgedrehte Schweinefleisch und die Krabben in heißem Öl unter ständigem Rühren 2 Minuten lang braten. Dann die Sojasprossen und Frühlingszwiebeln untermischen, mit Sojasauce, 1 Prise Zucker und Salz und Pfeffer würzen und das Ganze noch 2 Minuten braten.
Den Teig anrühren und eine Pfanne erhitzen und mit Öl ausstreichen. Mit einem Schöpflöffel jeweils nur soviel Teig eingießen, daß der Pfannenboden hauchdünn damit bedeckt ist, wenn man unter vorsichtigem Drehen der Pfanne den Teig auseinanderfließen läßt. Den Teig nur auf einer Seite kurz backen und dann vom Pfannenboden abziehen. Auf diese Weise nacheinander Teigblätter backen und stapeln, bis der ganze Teig aufgebraucht ist.
Auf jedes Teigblatt 2 EL Fülle setzen, die Blätter auf 3 Seiten einschlagen und zusammenrollen, wobei man die letzte Kante zuvor mit Wasser anfeuchtet. Die Teigrollen in der Fritüre bei 170° C knusprig goldgelb herausbacken, im Sieb abtropfen lassen und auf Küchenkrepp entfetten. Sofort heiß servieren.

Indonesische Frühlingsrollen

Einige Teigblätter, wie im vorhergehenden Rezept beschrieben backen oder einige tiefgekühlte Teigblätter.

Fülle:
250 g mageres Hackfleisch
1 EL Sonnenblumenöl
250 g Sojasprossen
einige getrocknete Morcheln, ½ Stunde in warmem Wasser eingeweicht; oder einige blättrig geschnittene Zuchtpilze, in Butter kurz angebraten: Shiitake-Pilze, Braunkappen, Austernseitlinge, Egerlinge
1 feingewiegte Zwiebel
1 geraspelte Karotte
2 EL Sojasauce
Salz und Pfeffer aus der Mühle
1 verquirltes Ei

Für die Fülle das Hackfleisch unter Rühren in heißem Öl kurz anbraten, dann die Zwiebel, die Pilze und die Karotte dazugeben und mitdünsten. Mit Sojasauce, Salz und Pfeffer abschmecken. Die Fülle vom Feuer nehmen und 1 Ei untermischen.

Auf jedes Teigblatt 1–2 EL Fülle setzen, den Teig über die Füllung klappen und auf beiden Seiten einschlagen. Das Teigende mit Wasser anfeuchten und das Ganze zusammenrollen.

Die Frühlingsrollen nacheinander in der Fritüre bei 170° C goldgelb herausbacken, abtropfen lassen, auf Küchenkrepp entfetten und sofort servieren.

Frühlingsrollen mit Blätterteig

(10 Frühlingsrollen)

1 Paket Tiefkühlblätterteig, aufgetaut
etwas Mehl zum Ausrollen
1 Eiweiß zum Bestreichen

Füllung:
etwas Sonnenblumenöl zum Andünsten
1 feingewiegte Zwiebel
150 g Hackfleisch
einige Champignons oder andere Zuchtpilze, blättrig geschnitten
250 g Sojasprossen
50 g Krabbenfleisch
2 EL Sojasauce
1 Gläschen Sherry
1 EL Speisestärke
1 Prise Zucker
Salz

In heißem Öl unter Rühren Zwiebel, Hackfleisch und Pilze andünsten. Die Sojasprossen und Krabben kurz mitdünsten. Die Speisestärke mit Sojasauce und Sherry anrühren, unter die Füllung mischen und die Masse damit binden. Die Füllung mit Zucker und Salz abschmecken und abkühlen lassen. Ein Backbrett mit etwas Mehl bestäuben und die aufgetauten Blätterteigscheiben darauf nach allen Seiten hin dünn ausrollen und halbieren. Die Füllung darauf verteilen, die Seiten einschlagen und den Teig zusammenrollen. Das Teigende mit Eiweiß bestreichen und gut andrücken. In der Fritüre die Frühlingsrollen bei 180° C herausbacken und im Sieb und auf Küchenkrepp abtropfen lassen. Sofort servieren oder im Backofen bis zum Servieren warmhalten.

Frühlingsrollen mit Kraut und Sprossen

(Chinesisch)

Teig:
250 g Mehl
1 EL Sonnenblumenöl
Salz
½ l Wasser
Sonnenblumenöl zum Ausbacken

Fülle:
300 g Schweinefilet, in sehr dünne Streifen geschnitten
2 feingewiegte Frühlingszwiebeln
100 g frischer Weißkohl, blanchiert und in Streifen geschnitten oder rohes zerpflücktes Sauerkraut
150 g Sojasprossen
1 TL Speisestärke, mit etwas Sherry glattgerührt
1 Prise Zucker
Salz und Pfeffer
2 EL Sojasauce
1 verquirltes Eiweiß

Mehl, Öl und Salz mit knapp ½ l Wasser zu einem geschmeidigen Teig rühren. ¼ Stunde ruhen lassen.
Für die Fülle die Fleischstreifen salzen und pfeffern und in heißem Öl unter Rühren kurz anbraten. Frühlingszwiebeln, Kraut und Sojasprossen dazugeben und 2 Minuten mitbraten. Die angerührte Speisestärke dazugießen und mit Zucker, Salz, Pfeffer und Sojasauce abschmecken.
In einer Pfanne von etwa 20 cm Durchmesser Öl erhitzen und einen Klacks Teig in die Mitte geben. Durch Drehen der Pfanne den Teig papierdünn verteilen und nur auf einer Seite kurz backen, bis er sich wellt und Blasen wirft. Auf einen Teller gleiten lassen und insgesamt 8 Pfannkuchen backen.

Dann auf die Pfannkuchen etwas Fülle setzen und die Teigränder mit Eiweiß bestreichen. Den Teig über die Fülle klappen, an beiden Seiten einschlagen und zusammenrollen. Bei 170° C in der Fritüre in wenigen Minuten knusprig goldgelb herausbacken. Abtropfen lassen und auf Küchenkrepp entfetten. Sofort servieren und Sojasauce bereitstellen.

Eierkuchenrollen

(Chinesisch)

Eierkuchenteig:

6 Eier
75 g Mehl
¼ l Wasser
1 Prise Salz
Sonnenblumenöl zum Ausbacken

Füllung:

250 g gebratenes Schweinefleisch (Bratenreste), in dünne Streifen geschnitten
100 g Krabbenfleisch
250 g Sojasprossen, längere Sprossen halbiert
2 feingewiegte Frühlingszwiebeln
1 EL Sojasauce
etwas Glutamat
1 Prise Zucker
Salz und Pfeffer

Den Eierkuchenteig glattrühren. Eine kleine Pfanne mit Öl ausstreichen und nacheinander bei mittlerer Hitze in etwa 1 Minute sehr dünne Eierkuchen auf nur einer Seite herausbacken.

Auf jeden Eierkuchen 1½ EL Füllung setzen, den Teig auf beiden Seiten einschlagen und zusammenrollen. In der Fritüre bei 160° C in wenigen Minuten knusprig golden herausbacken. Abtropfen lassen, auf Küchenkrepp entfetten und sofort servieren.

Kleine Gerichte mit Sojasprossen

Chow Mein mit Sojasprossen
(Chinesisch)

ca. 300 g gekochte Nudeln, im Sieb gut abgetropft und in heißem Öl goldgelb gebraten
Erdnuß- oder Sonnenblumenöl zum Braten
2 zerdrückte Knoblauchzehen
etwas frische geriebene Ingwerwurzel
200 g gekochtes oder gebratenes Schweinefleisch, in Streifen geschnitten
200 g gegartes Hähnchenfleisch, gewürfelt
100 g Muscheln (Konserve)
einige Blätter Chinakohl, in Streifen geschnitten
250 g Sojasprossen
einige Frühlingszwiebeln, in Stücke geschnitten
250 g Sojasprossen
einige Frühlingszwiebeln, in Stücke geschnitten
1 Tasse Fleisch- oder Gemüsebrühe
2 EL Sojasauce
2 EL Speisestärke, mit etwas Wasser angerührt

In einer großen Schmorpfanne in heißem Öl Knoblauch und Ingwer unter Rühren kurz andünsten. Die anderen Zutaten in die Pfanne geben und unter Rühren 2 Minuten dünsten. Brühe und Sojasauce dazugießen und einmal aufkochen lassen. Das Gemüse mit Speisestärke binden und auf den gebratenen Nudeln anrichten.

Gebratene Sojasprossen

250 g Sojasprossen
1 Paprikaschote, geputzt, halbiert und in dünne Streifen geschnitten
2 EL Sonnenblumenöl
1 TL Szetschuan-Pfefferkörner oder schwarze Pfefferkörner

Sauce:
2 EL Weinessig
½ TL Zucker
1 Prise Glutamat
1 Prise Salz
1–2 EL Sojasauce

In einer Pfanne das Öl erhitzen und die Pfefferkörner dazugeben. Die Körner 1 Minute bei schwacher Hitze braten, dann wieder entfernen. Die Sojasprossen und Paprikastreifen in das Öl geben und unter ständigem Rühren 1–2 Minuten braten. Die Sauce dazugießen und unter Rühren kurz erhitzen. Sofort servieren.

Fritierte Sojasprossen

250 g Sojasprossen

Ausbackteig:
250 g Mehl
½ Päckchen Backpulver
1 TL Salz
2 durchgepreßte Knoblauchzehen
etwas frischer geriebener Ingwer
etwas Kurkuma (Gelbwurz)
125 ml Wasser

Mit den genannten Zutaten den Ausbackteig anrühren. Die Sojasprossen in den Teig tauchen und in der Fritüre bei 170° C knusprig goldbraun herausbacken. Auf Küchenkrepp entfetten und sofort heiß servieren.

Ausgebackene Sojasprossen mit pikanter Currysauce

(Indisch)

250 g Sojasprossen, nach Belieben in kochendem Wasser kurz blanchiert, dann abgetropft

Pfannkuchenteig:
125 g Weizenmehl
3/8 l Milch
3 Eier
1 Prise Salz

Currysauce:
1/4 l pürierte Tomaten (Konserve) oder einige frische Tomaten, kurz blanchiert, geschält und kleingeschnitten
etwas frisches Basilikum, grob geschnitten
2 EL feingewiegte Korinthen
1 EL geriebene Mandeln
1/4 TL Chilipulver
1 TL Curry
1 TL Garam Masala; Fertigprodukt oder selbst hergestellt aus: jeweils 1 Teil ganzen Kreuzkümmel, Pfefferkörner, Nelken, Canehl (Zimtrinde), 4 Teilen Kardamonsamen, 1 Prise Muskat und Muskatblüte; in einer Pfanne ohne Fett angeröstet und im Mörser zerstoßen (Die Gewürzmischung kann in Schraubgläsern aufbewahrt werden)
Salz
einige Spritzer Zitronensaft zum Abschmecken
frische Korianderblättchen oder chinesische Petersilie zum Bestreuen

Den Pfannkuchenteig mit den genannten Zutaten glattrühren. Die Sojasprossen in den Teig tauchen, abtropfen lassen und in der Fritüre bei 170° C knusprig goldgelb ausbacken. Auf Küchenkrepp entfetten.
Für die Currysauce die Tomaten etwas einkochen lassen und dann die anderen Zutaten unterrühren. Mit Salz und Zitronensaft abschmecken, mit Korianderblättchen bestreuen und zu den Sprossen servieren.

Sojasprossen-Pfanne

3 EL Sonnenblumenöl
1 gewürfelte Zwiebel
1 Karotte, in Stifte geschnitten
1 Porreestange, in Ringe geschnitten
einige getrocknete Morcheln, in warmem Wasser ½ Stunde lang eingeweicht
150 g junge Erbsen
250 g Sojasprossen
4 EL Sojasauce
1 Spritzer Tabasco
Salz

In heißem Öl die Zwiebel, Karottenstifte und Porreeringe unter Rühren andünsten. Die Pilze, Erbsen und Sojasprossen dazugeben und mit Sojasauce, Tabasco und Salz würzen. Das Ganze zugedeckt bei schwacher Hitze noch etwa 10 Minuten schmoren lassen. Dazu Reis servieren.

Krabbenpfanne mit Sojasprossen

200 g Krabben oder Shrimps

Marinade:
½ Tasse Sojasauce
Saft von 1 Zitrone
einige Spritzer Tabasco
2 durchgepreßte Knoblauchzehen
1 kleine feingewiegte oder geriebene Zwiebel

2 EL Sonnenblumenöl
250 g Sojasprossen
2 EL Sojasauce
250 g blättrig geschnittene Zuchtpilze (Egerlinge, Shiitake, Braunkappen oder Austernseitlinge)
125 g junge Erbsen, in Salzwasser gegart
Salz
1 Büschel Schnittlauch zum Bestreuen

Die Krabben 1 Stunde in der Marinade ziehen lassen, dann unter Rühren in heißem Öl in einer Pfanne kräftig anbraten.

Herausnehmen und warmhalten. Die Sojasprossen und die Pilze in die Pfanne geben und unter Rühren einige Minuten braten. Mit Sojasauce und Salz würzen. Krabben, Sojasprossen und Pilze mit den Erbsen anrichten, mit Schnittlauch bestreuen und Reis dazu servieren.

Fischfilet mit Sojasprossen und Pilzen

500 g Fischfilet, in Portionsstücke geteilt
2 EL Stärkemehl
2 Eiweiß, mit 2 EL Sherry und etwas Salz verrührt
2–3 EL Sonnenblumenöl
1 feingewiegte Zwiebel
500 g blättrig geschnittene Zuchtpilze; Shiitake, Egerlinge, Braunkappen oder Austernseitlinge
250 g Sojasprossen
2 EL Sojasauce
1 Gläschen Sherry
2 EL Tomatenketchup
Salz und Pfeffer aus der Mühle

Die Fischstücke in Stärkemehl wälzen und in der Eiweiß-Sherrymischung wenden.
Die Zwiebeln in heißem Öl andünsten, Pilze, Sojasprossen und Fischstücke dazugeben und unter Rühren einige Minuten braten, bis der Fisch gar ist. Sojasauce, Sherry und Ketchup unterrühren und mit Salz und Pfeffer abschmecken. Reis dazu servieren.

Gedünsteter Spinat mit Sojasprossen

500 g frische Spinatblätter, gewaschen und geputzt
250 g Sojasprossen, längere Sprossen halbiert
einige zerdrückte oder feingewiegte Knoblauchzehen
2 EL Sonnenblumenöl
etwas Glutamat
Salz und Pfeffer aus der Mühle

In heißem Öl Spinatblätter, Sojasprossen und Knoblauch unter Rühren 2 Minuten dünsten. Mit Glutamat würzen und mit Salz und Pfeffer abschmecken. Mit Pellkartoffeln, Frikadellen oder Spiegeleiern servieren oder als Beilage zu Fleischgerichten reichen.

Sojasprossen-Gemüse-Topf

ca. 300 g Sojasprossen, kurz in kochendem Wasser blanchiert
4 Stangen Staudensellerie, geputzt und in dünne Stifte geschnitten
einige getrocknete Pilze (Wolkenohren oder Morcheln), 45 Minuten in lauwarmen Wasser eingeweicht
2 EL Sonnenblumenöl
¼ l Fleischbrühe
1 EL süße indonesische Sojasauce
Salz

In einem Topf das Öl erhitzen und die Selleriestifte und die eingeweichten Pilze 1 Minute lang unter ständigem Rühren andünsten. Dann die Sojasprossen dazugeben und 1 Minute mitdünsten. Mit Fleischbrühe aufgießen und aufkochen lassen. Mit Sojasauce und Salz abschmecken und bei schwacher Hitze noch einige Minuten köcheln lassen.

Sojasprossengemüse mit Senfrahm

2 Zwiebeln, in Ringe geschnitten
2 Scheiben Butter
2 feingewiegte Knoblauchzehen
250 g Sojasprossen
2 Karotten, in Stiftchen geschnitten
1 TL Honig
1 TL Korianderkörner, im Mörser zerstoßen
Salz und Pfeffer aus der Mühle
1 Büschel krause Petersilie, zerpflückt

Senfrahm:
100 g Crème fraîche
¼ l Rahm
1 EL scharfen Senf
1 Spritzer Tabasco
Salz

Die Zwiebeln in Butter andünsten, Knoblauch, Sojasprossen und Karotten dazugeben, 1 TL Honig unterrühren und mit Koriander, Salz und Pfeffer würzen. Zugedeckt 5 Minuten dünsten.
Crème fraîche und Rahm in einem Topf etwas einkochen lassen, den Senf unterrühren und mit Tabasco und Salz abschmecken. Den Senfrahm zum Gemüse servieren und das Ganze mit zerpflückter krauser Petersilie garnieren.

Beilagen:
Pell- oder Salzkartoffeln

Gemüse-Quiche mit Hähnchenbrust und Sprossen

Mürbteig:
(Für eine Springform von ca. 30 cm Durchmesser)
250 g Mehl
1 Eidotter
1 TL Salz
80 g gekühlte Butter
75 ccm eiskaltes Wasser
etwas Butter zum Ausfetten der Form

ca. 300 g Hähnchenbrustfilets, in Streifen geschnitten
½ Tasse Sojasauce
1 Frühlingszwiebel, in Ringe geschnitten
1 Porreestange (weißer Teil), in dünne Ringe geschnitten
200 g Sojasprossen
1 Scheibe Ananas, kleingeschnitten
½ Orange, geschält und in Scheiben geschnitten
100 g Shrimps oder Krabben
2 Eier
1 Tasse Rahm
1 TL Salz
1 TL Curry
100 g Kokosflocken, mit ½ TL Zucker in einer Pfanne ohne Fett goldbraun geröstet

Für den Mürbteig das Mehl auf ein Backbrett sieben, eine Mulde in die Mitte drücken, Eidotter und Salz hineingeben und Butterflöckchen auf dem Rand verteilen. Das Ganze durchmischen, tropfenweise Wasser dazugeben und alles schnell zu einem glatten Teig verarbeiten. Eine Kugel formen, in Folie verpacken und im Kühlschrank mindestens ½ Stunde ruhen lassen. Dann den Teig nochmals kurz durchkneten, ausrollen und eine gefettete Springform damit auslegen. Den Teigboden mit einer Gabel einige Male einstechen, damit er sich beim Backen nicht wölbt.
Die Hähnchenstreifen 1 Stunde oder länger in der Sojasauce marinieren. Das Fleisch und die anderen Zutaten dekorativ auf dem Teig verteilen. Die Eier mit Rahm, Salz und Curry verquirlen und darübergießen. Die Quiche im vorgeheizten Backofen bei 220° C ½ Stunde backen. Dazu die gerösteten

Kokosflocken reichen, mit denen man nach Belieben die Gemüsekuchenstücke bestreuen kann.

Überbackene Toastbrote mit Sojasprossen

8 Toastbrot- oder Weißbrotscheiben
einige Scheiben Butter, mit 2–3 durchgepreßten Knoblauchzehen vermengt
250 g Sojasprossen, in Stücke geschnitten
1 Büschel frischer Kräuter, grob geschnitten: Basilikum, Petersilie, Thymian, etwas Rosmarin
250 g Gouda oder anderer Hartkäse, grob geraffelt
einige Tomaten, in Scheiben geschnitten
Salz und Pfeffer aus der Mühle

Die Brote mit der Knoblauchbutter bestreichen und die Tomatenscheiben darauf verteilen. Sojasprossen, Kräuter und geraffelten Käse vermischen, salzen und pfeffern und darauf häufen. Die Brote auf dem Rost im vorgeheizten Grill etwa 6 Minuten überbacken und sofort servieren.

Kalte Reisnudeln mit Sojasprossen
(Chinesisch)

2 l Wasser
1 Stück frische Ingwerwurzel, halbiert
1 EL Sonnenblumenöl
250 g chinesische Reisnudeln
Salz
1 TL Sesamöl
2 verquirlte Eier
1 Prise Salz
2 EL Sonnenblumenöl zum Herausbacken
4 feingewiegte Schalotten
ca. 500 g Sojasprossen

Sauce:
½ Tasse Sojasauce
einige durchgepreßte Knoblauchzehen
½ Tasse Weinessig
1 feingewiegte rote Pfefferschote, in etwas Öl kurz angebraten

Das Wasser mit Öl und Ingwer zum Kochen bringen, die Reisnudeln dazugeben und einige Minuten kochen. Den Topf dann vom Feuer nehmen und die Nudeln zugedeckt 10 Minuten ziehen lassen. Dann die Nudeln in einem Sieb abbrausen und abtropfen lassen. In einer Schüssel salzen und mit Sesamöl mischen.
Mit den verquirlten gesalzenen Eiern in einer Pfanne in heißem Öl ein Omelett backen und dann in Streifen schneiden. Die Schalotten und Sojasprossen in heißem Öl kurz andünsten und zu den Reisnudeln geben. Das Ganze mit Omelettstreifen garnieren. Die Sauce anrühren und getrennt dazu servieren.

Sojasprossen-Auflauf

1 Scheibe Butter zum Ausfetten der Auflaufform
250 g Sojasprossen
2 Tassen feine junge Erbsen
2 hartgekochte Eier, in Scheiben geschnitten
4 Eier, mit 3 EL Sojasauce, Salz und 1 Prise Glutamat verquirlt
2 EL Semmelbrösel zum Bestreuen
einige Butterflöckchen zum Belegen

In eine ausgebutterte Auflaufform die Sojasprossen geben und die jungen Erbsen und die Eischeiben darauf verteilen. Die verquirlten Eier darübergießen und das Ganze mit Semmelbröseln bestreuen und mit Butterflöckchen belegen. Im vorgeheizten Backofen bei mittlerer Hitze 20–30 Minuten überbacken.

Sojabohnen aus dem eigenen Garten

Gerichte mit jungen Sojabohnen und -schoten

Auf dem Markt sind frische junge Sojabohnen kaum erhältlich. Doch lohnt sich ihr Anbau im Garten, da sie durch ihren hohen Eiweißgehalt und ihren angenehm nußartigen Geschmack besonders gut in die Vollwertküche passen. Für unser Klima geeignetes Saatgut ist im Gartenfachhandel erhältlich oder kann über den Samenfachhandel bezogen werden:

Blauetikett Bornträger GmbH
Arzneimittel- und Gewürzkräuter
6521 Offstein
(Samenpreisliste)

J. Lambert & Söhne
Samenhandel
Postfach 2565
5500 Trier
(Samenkatalog)

Beim Anbau sind Vorkultur oder Freilandaussaat möglich. Bei der Vorkultur auf der Fensterbank steckt man die Bohnensamen, die man auch zuvor über Nacht in Wasser quellen lassen kann, Anfang Mai nicht zu tief in kleine Becher oder Töpfe. Nach den Eisheiligen setzt man die Pflänzchen im Abstand von 25×20 cm in ein Gartenbeet, das möglichst sonnig und geschützt liegen sollte. Der Boden muß gut gelockert sein.

Bei der Freilandaussaat sät man entweder 6–7 Körner in Horsten im Abstand von 40×30 cm oder man sät fortlaufend in der Reihe alle 30 cm 1 Korn, wobei der Abstand zwischen den Reihen 50 cm betragen sollte. Für 10 qm benötigt man 80–100 g Saatgut.

Mit der Ernte kann man beginnen, sobald in den Schoten die reifenden Bohnen erkennbar werden. Ganz jung können die ganzen Schoten in der Küche verwendet werden. Während der Erntezeit pflückt man die Bohnenbeete mehrmals durch. Bei reiferen Schoten palt man die Bohnen aus und kocht sie. Man kann sie als Gemüse, Salat oder Suppe zubereiten.

Eisbergsalat mit jungen Sojabohnen

1 kleine Schüssel zerpflückte Eisbergsalatblätter
250 g junge gepalte Sojabohnen, in Salzwasser gargekocht und in einem Sieb abgetropft
1 feingewiegte Zwiebel
3 EL geriebener Parmesankäse zum Bestreuen

Salatsauce:
3 EL kaltgepreßtes Olivenöl
Saft von ½ Zitrone
1 Prise Zucker
einige Spritzer Tabasco
1 Spritzer Worcestershiresauce
2 durchgepreßte Knoblauchzehen
einige zerdrückte Anchovisfilets
1 TL scharfer Senf
3 EL geriebener Parmesankäse
Salz und Pfeffer aus der Mühle

Eisbergsalat, Bohnen und Zwiebel vermischen und auf Salattellern anrichten. In einem Rührbecher die Salatsauce mit dem Handrührer verquirlen, abschmecken und über den Salat gießen. Mit Parmesan bestreuen. Weißbrot dazu reichen, wenn man den Salat als Zwischenmahlzeit serviert.

Salat mit jungen Sojabohnen

250 g enthülste junge Sojabohnen, in Salzwasser gargekocht und in einem Sieb abgetropft
1 Zwiebel, halbiert und in sehr dünne Ringe geschnitten
1 Büschel Schnittlauch, in Röllchen geschnitten

Salatsauce:
2 EL Weinessig
3–4 EL kaltgepreßtes Olivenöl
1 Prise Zucker
2 durchgepreßte Knoblauchzehen
1 TL scharfer Senf
einige Spritzer Tabasco
Salz
etwas grob geschnittenes frisches Bohnenkraut

Garnitur:
einige Sardellenfilets, längs halbiert
einige eingelegte milde oder scharfe Pfefferschoten, längs halbiert und entkernt

Die Bohnen mit den Zwiebelringen und dem Schnittlauch vermengen. Die Salatsauce in einem Rührbecher mit dem Handrührer gut verquirlen, abschmecken und unter den Bohnensalat mischen. 1 Stunde durchziehen lassen. Den Salat auf den Tellern mit Sardellenfilets und Pfefferschoten garnieren. Mit Bauernbrot als Zwischenmahlzeit servieren oder als Beilage zu Lammfleisch reichen.

Sojabohnensalat mit Hähnchenleber

250 g enthülste junge Sojabohnen, in Salzwasser gargekocht und in einem Sieb abgetropft
2 EL Weinessig
1 Gläschen Sherry
1 EL Sojasauce
1 Stange Chicorée, in Ringe geschnitten
1 Radicchio, zerpflückt
einige Endivienblätter, zerpflückt
250 g Hähnchenleber, in etwas Butter oder Sonnenblumenöl bei schwacher Hitze auf beiden Seiten gebraten und in Scheiben geschnitten
Salz und Pfeffer aus der Mühle

Die Sojabohnen mit Weinessig, Sherry und Sojasauce vermischen und mit Chicorée, Radicchio und Endivien auf Salattellern anrichten. Die Hähnchenleberscheiben dazugeben und das Ganze mit Salz und Pfeffer bestreuen.

Sojabohnensalat mit Würstchen

250 g gepalte junge Sojabohnen, in Salzwasser gargekocht und in einem Sieb abgetropft
etwa 10 Würstchen, in Scheiben geschnitten
1 feingewiegte Zwiebel
2 hartgekochte Eier, feingewiegt
etwas kleingeschnittenes frisches Bohnenkraut
1 Büschel Kerbel, grob geschnitten
3 EL kaltgepreßtes Olivenöl
2–3 EL Weinessig
Salz und Pfeffer aus der Mühle
1 Büschel Schnittlauch zum Bestreuen

Die Bohnen mit den Wurstscheiben und den anderen Zutaten vermischen, mit Salz und Pfeffer abschmecken und 1 Stunde durchziehen lassen. Mit Schnittlauch bestreuen.

Salat mit jungen Sojabohnen und Pilzen

250 g gepalte junge Sojabohnen, in Salzwasser weichgekocht und in einem Sieb abgetropft
1 feingewiegte Zwiebel
Salz und Pfeffer aus der Mühle
200 g blättrig geschnittene Zuchtpilze; Shiitake, Egerlinge, Braunkappen oder Austernseitlinge; in etwas Butter angedünstet oder einige Minuten in Salzwasser blanchiert
1 Büschel grob geschnittene frische Petersilie
2 EL Sonnenblumenöl
1 EL Weinessig
1 Spritzer Zitronensaft

Sojabohnen, Zwiebel, Pilze und Petersilie vermengen und mit Salz und Pfeffer abschmecken. Öl, Essig und Zitronensaft verrühren und untermischen. Den Salat noch etwas durchziehen lassen.

Sojabohnen-Creme-Suppe

250 g gepalte junge Sojabohnen
¾ l Fleischbrühe
Salz und Pfeffer aus der Mühle
2 Eidotter, mit ½ Tasse Rahm verrührt
1 Büschel Petersilie, grob geschnitten, zum Bestreuen

Die Sojabohnen in der Fleischbrühe garkochen und mit dem Schnellmixstab eines Handrührers pürieren. Mit Salz und Pfeffer abschmecken und die nicht mehr kochende Suppe mit dem Eierrahm legieren. Mit Petersilie bestreuen.

Suppe mit jungen Sojabohnenschoten und Schinkenspeck

250 g junge Sojabohnenschoten, geputzt und schräg halbiert
150 g gewürfelter Schinkenspeck
1 gewürfelte Zwiebel
1 Scheibe Butter zum Anbraten
1 EL Mehl
¾ l Hühnerbrühe
1 Prise Muskatnuß
1 Zweig Bohnenkraut, kleingeschnitten
Salz und Pfeffer aus der Mühle
2 EL saurer Rahm

Die Sojabohnenschoten in Salzwasser garkochen, dann in einem Sieb abgießen.
In einem Topf die Zwiebel und die Speckwürfel in Butter unter Rühren anbraten. Mehl darüberstäuben und durchrühren. Mit Hühnerbrühe aufgießen, die Suppe glattrühren und die Bohnenschoten dazugeben. Das Ganze einmal aufkochen und dann noch einige Minuten ziehen lassen. Das Bohnenkraut zur Suppe geben und mit 1 Prise Muskatnuß, Salz und Pfeffer abschmecken. Unter die nicht mehr kochende Suppe zum Schluß den sauren Rahm rühren.

Sojabohnensuppe mit Schinken

250 g gepalte junge Sojabohnen
¾ l Fleischbrühe
1 Zweig Bohnenkraut, kleingeschnitten
etwas frischer Kerbel, grob geschnitten
100 g Schinken, in Streifen geschnitten
1 Prise Muskatnuß
Salz und Pfeffer aus der Mühle
2 EL Rahm

Die Sojabohnen in der Fleischbrühe garkochen. Mit einem Sieblöffel etwa die Hälfte der Bohnen herausnehmen. Die verbliebenen Bohnen im Topf mit dem Schnellmixstab eines Handrührers pürieren. Die ganzen Bohnen mit Bohnenkraut, Kerbel und Schinken wieder in den Topf geben und das Ganze einmal aufkochen lassen. Mit 1 Prise Muskatnuß und Salz und Pfeffer abschmecken. Zum Schluß 2 EL Rahm unterziehen und die Suppe in den Tellern mit einigen zurückbehaltenen Kerbelblättchen garnieren.

Salat mit jungen Sojaschoten

250 g junge Sojabohnenschoten, geputzt und in wenig Wasser gar gedünstet; in einem Sieb unter kaltem Wasser abgeschreckt
1 Salatgurke, geschält, in dicke Scheiben und dann in Stiftchen geschnitten
2 Stangen Bleichsellerie, in 5 cm lange Stücke und dann in Stiftchen geschnitten

Salatsauce:
3 EL Sojasauce
2 EL Sesamöl
1 EL Sonnenblumenöl
3 EL Weinessig
1 EL Zucker
einige Spritzer Tabasco
Salz

Bohnenschoten, Gurke und Sellerie vermischen. Die Salatsauce mit einem elektrischen Handrührer gut verquirlen, abschmecken und über den Salat gießen.

Gebratene junge Sojaschoten

500 g junge Sojabohnenschoten, geputzt und schräg halbiert
Sonnenblumenöl zum Braten
⅛ l Fleisch- oder Gemüsebrühe
Salz und Pfeffer aus der Mühle
3 EL Sojasauce

In einer Pfanne in heißem Öl die Bohnenschoten 3 Minuten unter Rühren braten. Die Brühe dazugießen und aufkochen lassen. Dann die Bohnen bei schwacher Hitze einige Minuten unter Rühren köcheln lassen, bis die Flüssigkeit verdunstet ist. Die Sojasauce unterrühren und mit Salz und Pfeffer abschmecken. Sofort servieren.

Sojabohnenschoten-Gemüse mit Reis

200 g Langkorn-Vollreis
125 g Kokosraspeln
¾ l Wasser
Salz
1 Prise Muskatnuß
etwas frische feingewiegte Minze
etwas abgeriebene Zitronenschale
2–3 Tomaten, in Scheiben geschnitten
1 feingewiegte Zwiebel
ca. 500 g junge Sojabohnenschoten, geputzt und schräg halbiert
Salz
1 Spritzer Tabasco
2 EL Butterschmalz zum Anbraten

Würzöl:
2 EL Olivenöl
2 Knoblauchzehen
1 Pfefferschote, entkernt und feingewiegt

Reis und Kokosraspeln einmal aufkochen, salzen und zugedeckt ½ Stunde quellen lassen. Dann mit Muskatnuß, Minze und abgeriebener Zitronenschale würzen.
In einem Porzellanmörser die Knoblauchzehen und die Pfef-

ferschote in Olivenöl zerstoßen. Die Sojabohnenschoten in heißem Butterschmalz unter ständigem Rühren 2 Minuten lang anbraten. Das Würzöl unterrühren und die Schoten zugedeckt noch 3 Minuten dünsten lassen. Mit Salz und Tabasco abschmecken.
Reis, Schoten und einige mit gewiegten Zwiebeln bestreute Tomatenscheiben dekorativ anrichten. Mit einigen zurückbehaltenen Minzblättchen garnieren.

Pikantes Sojabohnengemüse

250 g gepalte junge Sojabohnen, in Salzwasser gargekocht und in einem Sieb abgetropft
2 in Salz zerdrückte Knoblauchzehen
einige kleingeschnittene Sardellenfilets
2 Scheiben Butter
1 EL Kapern
1 Glas Weißwein
1 Büschel grob geschnittene glatte Petersilie
Salz und Pfeffer aus der Mühle
2 Frühlingszwiebeln, in Ringe geschnitten
1 Büschel Schnittlauch zum Bestreuen

In etwas Butter unter Rühren Knoblauch und Sardellenfilets andünsten. Die Kapern unterrühren und mit Weißwein aufgießen. Petersilie, Frühlingszwiebeln und Sojabohnen dazugeben und mit Salz und Pfeffer abschmecken. Das Ganze zugedeckt bei schwacher Hitze 5 Minuten köcheln lassen. Mit Schnittlauch bestreut mit Reis zu Fleisch oder gebratenem Fisch servieren.

Pürierte junge Sojabohnen

(Beilage zu Steaks oder kaltem Braten)

250 g gepalte junge Sojabohnen, in Salzwasser gargekocht und abgetropft
1 Zwiebel, mitgekocht
etwas grob geschnittenes Bohnenkraut
etwas feingewiegte frische Minze
1 Prise Zucker
Salz und Pfeffer aus der Mühle
2–3 EL Sojasauce
2 EL Crème fraîche

Sojabohnen und Zwiebel im Mixer oder mit dem Schnellmixstab eines Handrührers pürieren. Mit den Kräutern, Salz und Pfeffer würzen und mit Sojasauce abschmecken. Zum Schluß Crème fraîche unterziehen.

Überbackenes Sojabohnenpüree mit Käsekruste

250 g junge enthülste Sojabohnen, in Salzwasser gargekocht und in einem Sieb abgetropft
1 feingewiegte Zwiebel, in etwas Butter angedünstet
1 EL Tomatenmark
etwas frisches grob geschnittenes Bohnenkraut
1 Büschel grob geschnittene glattblättrige Petersilie
Salz und Pfeffer aus der Mühle
1 Tasse saurer Rahm
200 g Camembert, in dicke Scheiben geschnitten
einige Butterflöckchen zum Belegen
etwas Butter zum Ausfetten der Form

Die Bohnen im Mixer oder mit dem Schnellmixstab eines Handrührers pürieren. Die genannten Zutaten untermischen und die Masse in eine ausgebutterte Auflaufform füllen. Die

Camembertscheiben dachziegelartig darüberschichten und mit Butterflöckchen belegen. Das Ganze im vorgeheizten Backofen bei 220° C etwa 20 Minuten überbacken, bis der Käse leicht gebräunt ist. Dazu Salate nach Saison servieren.

Junge Sojaschoten mit Kalbsfilet

300 g Kalbsfilet oder -schnitzel, in Streifen geschnitten
Sonnenblumenöl zum Braten
250 g junge Sojabohnenschoten, geputzt und kurz blanchiert

Marinade:
½ Tasse süße indonesische Sojasauce
1 Gläschen Sherry
Saft von ½ Zitrone
1 Stück frische Ingwerwurzel, gerieben
einige Spritzer Tabasco
1 Prise Salz

Die Marinade anrühren und die Fleischstreifen 2 Stunden darin ziehen lassen.
Dann das Fleisch in einem Sieb abtropfen lassen und in heißem Öl unter ständigem Rühren 1 Minute braten. Die Sojaschoten dazugeben und alles noch 2 Minuten pfannenrühren. Etwas Marinade unterrühren und das Ganze pikant süßsauer mit Zitronensaft, Sojasauce und etwas Salz abschmecken. Sofort servieren.

Beilagen:
Pell- oder Petersilienkartoffeln, grüner Salat nach Saison

Fritierte Sojabohnenbällchen

250 g gepalte junge Sojabohnen, in Salzwasser gargekocht und im Sieb abgetropft
2 EL Sojamehl
2 feingewiegte Frühlingszwiebeln
2 durchgepreßte Knoblauchzehen
½ TL gemahlener Kümmel
½ TL gemahlener Koriander oder einige Korianderkörner, im Mörser zerstoßen
1 Prise Cayennepfeffer
1 großes Büschel glattblättrige Petersilie, grob geschnitten
1 Spritzer Zitronensaft
Salz
½ TL Backpulver

Die Sojabohnen im Mixer oder mit dem Schnellmixstab eines Handrührers pürieren und die genannten Zutaten untermischen. Die Masse zugedeckt im Kühlschrank ½ Stunde ruhen lassen.
Dann aus jeweils 1 EL Bohnenmasse kleine Bällchen formen und auf einer Platte 1 Stunde lang trocknen lassen. Die Bohnenbällchen dann in der Fritüre bei 180° C goldbraun herausbacken, im Sieb abtropfen lassen und auf Küchenkrepp entfetten. Sofort heiß servieren.

Beilagen:
Salatplatte nach Jahreszeit und Weißbrot

Gerichte mit gelben Sojabohnen

Die in der Küche sehr vielseitig verwendbaren gelben Sojabohnen haben eine wesentlich längere Garzeit als die anderen Hülsenfrüchte. Es lohnt sich daher, einen Wochenvorrat an Sojabohnen auf einmal zu kochen und im Kühlschrank aufzubewahren.
Man läßt die Sojabohnen über Nacht oder 12 Stunden lang quellen und kocht sie dann in frischem Wasser 3–4 Stunden oder auch länger, bis sie wirklich ganz weich sind. Zum Kochwasser gibt man 1 EL Öl, damit sich nicht zuviel Schaum bildet. Im Schnellkochtopf werden die Bohnen in etwa 1 Stunde gar.

Herzhafter Sojabohnensalat

250 g weichgekochte Sojabohnen

Sauce:
½ Tasse Essig
1–2 EL Zucker
2 EL Sojasauce
Salz und Pfeffer aus der Mühle
2 EL Tomatenketchup
2 feingewiegte Zwiebeln
1 Büschel Petersilie, grob geschnitten
3 EL kaltgepreßtes Olivenöl
einige Spritzer Tabasco
Saft von ½ Zitrone
1 Büschel Schnittlauch zum Bestreuen

Die Marinade anrühren und pikant abschmecken. Die weichgekochten Bohnen untermischen und ½ Tag durchziehen lassen. Mit Salz und Pfeffer abschmecken und mit Schnittlauch bestreuen.

Geröstete Sojabohnen

500 g weichgekochte Sojabohnen
etwas Butter zum Ausfetten des Backblechs
Salz

Die Sojabohnen in einer Schüssel mit etwas Salz wälzen, dann auf einem ausgefetteten Backblech verteilen und bei 100° C im Backofen etwa 1 Stunde lang backen, bis sie knusprig braun sind.
Heiß als Beilage zu Reisgerichten servieren oder kalt wie gesalzene Nüsse verwenden.

Sojabohnensalat mit frischen Kräutern

500 g weichgekochte Sojabohnen
1 gewürfelte Zwiebel in Sonnenblumenöl angedünstet

Kräutermarinade:
3 EL kaltgepreßtes Olivenöl
2 EL Weinessig
Saft von ½ Zitrone
1 Prise Zucker
1 Spritzer Tabasco
2 durchgepreßte Knoblauchzehen
Salz und Pfeffer aus der Mühle
1 Büschel frischer Kräuter, grob geschnitten: Bohnenkraut, Thymian, Oregano, etwas Salbei, etwas Estragon
einige Kopfsalatblätter zum Anrichten

Die Kräutermarinade anrühren, unter die Sojabohnen und Zwiebeln mischen und im Kühlschrank einige Stunden durchziehen lassen. Auf Kopfsalatblättern anrichten und Weißbrot und Käse dazu reichen.

Sojabohnen-Chili

2 EL Sonnenblumenöl
ca. 500 g Rinderhackfleisch, zerpflückt
2 gewürfelte Zwiebeln
einige zerdrückte oder durchgepreßte Knoblauchzehen
2 Paprikaschoten, geputzt, geviertelt und in Streifen geschnitten
250 g vorgekochte Sojabohnen
250 g Tomaten, blanchiert, enthäutet und kleingeschnitten
3 EL Sojasauce
1 EL Chilipulver
1 kräftige Prise Cayennepfeffer
Salz und Pfeffer aus der Mühle
Schnittlauch, Kresse oder krause Petersilie zum Bestreuen

In einem großen gußeisernen Topf in heißem Öl unter ständigem Rühren das Hackfleisch und die Zwiebeln anbraten. Dann Knoblauch, Paprikaschoten und Sojabohnen daruntermischen und kurz mitdünsten. Mit Wasser oder Fleischbrühe aufgießen und aufkochen lassen. Mit Sojasauce, Chilipulver, Cayennepfeffer, Salz und Pfeffer würzen und ½ Stunde köcheln lassen. Dabei öfters umrühren, damit nichts ansetzt. Zum Schluß die Tomaten untermischen und das Chili mit Salz und Gewürzen abschmecken. Mit Schnittlauchröllchen, Kresse oder zerpflückter krauser Petersilie bestreuen. Weißbrot dazu reichen.

Pikanter Sojabohnensalat

250 g weichgekochte Sojabohnen
einige ganze Sardellenfilets zum Garnieren

Salatsauce:
1 feingewiegte Zwiebel
2 durchgepreßte Knoblauchzehen
2 feingewiegte Sardellenfilets
1 hartgekochtes gehacktes Ei
3 EL kaltgepreßtes Olivenöl
2 EL Weinessig
1 Prise Zucker
1 TL scharfer Senf
Salz und Pfeffer aus der Mühle
1 Büschel frischer Kräuter, grob geschnitten: Thymian, Salbei, Basilikum, Oregano
1 Büschel Schnittlauch zum Bestreuen

Die Salatsauce anrühren, abschmecken und unter die Bohnen mischen. Den Salat 1 Stunde oder länger durchziehen lassen, mit Sardellenfilets garnieren und mit Schnittlauchröllchen bestreuen.

Sojabohnentopf mit Kasseler

250 g vorgekochte Sojabohnen
500 g Kasseler, gewürfelt
2 EL Sesamöl
250 g Sojabohnensprossen
1 Tasse Fleischbrühe
1 Büschel frischer Majoran, grob geschnitten
Salz und Pfeffer aus der Mühle

In einem gußeisernen Topf das gewürfelte Kasseler in heißem Öl rundum anbraten und im geschlossenen Topf bei schwacher Hitze noch $\frac{1}{4}$ Stunde garen. Dann die Sojasprossen dazugeben und unter ständigem Rühren einige Minuten mitdünsten. Das Ganze mit Fleischbrühe ablöschen, die vorgekochten weichen Sojabohnen untermischen und alles aufkochen lassen. Mit Salz und Pfeffer abschmecken und erst zum Schluß den Majoran unterziehen. Den Bohnentopf in den Tellern noch mit einigen zurückbehaltenen ganzen Majoranblättchen bestreuen.

Panierte Sojabohnen-Frikadellen

250 g weichgekochte Sojabohnen
2 EL Sojamehl
1 feingewiegte oder geriebene Zwiebel
1 Pfefferschote, entkernt und feingewiegt
½ Paprikaschote, geputzt, kurz blanchiert und kleingewürfelt
1 Büschel glatte Petersilie, grob geschnitten
Salz und Pfeffer aus der Mühle

Panade:
2 verquirlte Eiweiß
Semmelbrösel
Sonnenblumenöl zum Herausbacken

Die weichgekochten Sojabohnen mit dem Schnellmixstab eines Handrührers pürieren und nach Belieben noch durch ein Sieb streichen. Die genannten Zutaten untermischen und die Masse kräftig mit Salz und Pfeffer abschmecken. Kleine flache Frikadellen formen, in Eiweiß und Semmelbröseln wälzen und in heißem Öl bei milder Hitze langsam knusprig herausbacken. Senf bereitstellen.

Beilage:
Grüner Salat, Kartoffelsalat und Salate nach Saison

Scharfe Sojabohnen mit Speck

250 g weichgekochte Sojabohnen
½ l Fleischbrühe
2 Zwiebeln, in Ringe geschnitten
1 Paprikaschote, geputzt und in Streifen geschnitten
1 Chilischote, entkernt und feingewiegt
einige Spritzer Tabasco
einige Tomaten, kurz blanchiert und enthäutet
100 g durchwachsener Speck, gewürfelt
Salz

Die weichgekochten Sojabohnen mit der Fleischbrühe und den genannten Zutaten verrühren. Aufkochen und bei schwacher Hitze ½ Stunde köcheln lassen. Gelegentlich umrühren. Mit Tabasco und Salz abschmecken.

Sojafrikadellen mit Schweinefleisch

250 g weichgekochte Sojabohnen
2 EL Sojamehl
250 g ausgelöstes Schweinefleisch (Bratenreste oder gekochtes oder geschmortes Schweinefleisch), kleingewürfelt und feingewiegt
1 feingewiegte Zwiebel
2–3 EL Semmelbrösel zum Binden
Salz und Pfeffer aus der Mühle
1 Büschel frischer Kräuter, grob geschnitten: Thymian, etwas Rosmarin und Estragon, Bohnenkraut, Basilikum, Majoran oder Oregano o. a.
Sonnenblumenöl zum Ausbraten

Die Sojabohnen mit dem Schnellmixstab eines Handrührers pürieren und mit den anderen genannten Zutaten vermengen. Mit Salz und Pfeffer abschmecken und flache kleine Frikadellen formen. In heißem Öl bei milder Hitze auf beiden Seiten braten und zu Salaten nach Saison servieren.

Gedämpfte Sojabohnen-Bällchen

1 Tasse gekochter Reis, im Sieb abgetropft
250 g weichgekochte Sojabohnen, im Mixer oder in einem Rührbecher mit dem Schnellmixstab eines Handrührers püriert
250 g gemischtes Hackfleisch
2 EL Sojamehl
1 Ei
2 feingewiegte Frühlingszwiebeln
1 Stück frische Ingwerwurzel, gerieben
Salz und Pfeffer aus der Mühle

Sauce:
½ Tasse Sojasauce
½ Tasse Wasser
1 Gläschen Sherry
1 TL Zucker
etwas Pfeffer aus der Mühle
1 Prise Salz
1 EL Speisestärke

Sojabohnen und Hackfleisch mit den anderen Zutaten vermischen. Walnußgroße Bällchen formen und in Reis wälzen. Nebeneinander auf den Dämpfeinsatz eines Topfes setzen, Wasser dazugießen und die Bällchen etwa 40 Minuten lang dämpfen.
Die Sauce anrühren, erhitzen und mit Speisestärke binden. Zu den Sojabohnen-Bällchen servieren.

Scharfe Sojabohnenküchlein

250 g weichgekochte Sojabohnen
2 EL Sojamehl
2 feingewiegte Zwiebeln
2 frische Chilis, entkernt und feingewiegt
1 Büschel Kerbel, grob geschnitten
½ TL Kurkuma
½ TL Salz
Zwiebelringe und Zitronenscheiben zum Garnieren

Die Sojabohnen im Mixer oder im Rührbecher mit dem Schnellmixstab eines Handrührers pürieren. Die genannten Zutaten untermischen, kleine Bällchen formen und etwas abflachen. Die Küchlein in der Fritüre bei 170° C goldbraun herausbacken. Im Sieb und auf Küchenkrepp abtropfen lassen. Mit dünnen Zwiebelringen und Zitronenscheiben garnieren. Dazu Salate nach Saison reichen.

Überbackene Sojabohnen

250 g weichgekochte Sojabohnen
1 Zwiebel, in Ringe geschnitten
2 Karotten, in Stifte geschnitten
250 g Tomaten, blanchiert, geschält und geviertelt
1 EL Sonnenblumenöl zum Anbraten
Salz und Pfeffer aus der Mühle
1 Büschel frischer Kräuter, grob geschnitten: Basilikum, Petersilie, krause Minze, Schnittlauch o. a.
Semmelbrösel zum Bestreuen
Butterflöckchen zum Belegen
1 Scheibe Butter für die Auflaufform

Die weichgekochten Sojabohnen mit dem Schnellmixstab eines Handrührers oder in einem Mixer pürieren. Die Zwiebeln in Öl anbraten, dann die Karotten und Tomaten dazugeben und kurz mitdünsten. In einer Schüssel das Gemüse mit den pürierten Sojabohnen und den Kräutern vermengen und kräftig mit Salz und Pfeffer abschmecken. Die Masse in eine ausgebutterte Auflaufform füllen, mit Semmelbröseln bestreuen und mit Butterflöckchen belegen. Im vorgeheizten Backofen bei 200° C in ½ Stunde goldbraun backen.

Beilagen:
Grüner Salat und Salate nach Saison

Überbackene Sojabohnen mit Crème fraîche

250 g weichgekochte Sojabohnen
1 kleingeschnittene Zwiebel, in etwas Butter angedünstet
1 Büschel grob geschnittene Petersilie
1 Prise Muskatnuß
Salz und Pfeffer aus der Mühle
Butter zum Ausfetten der Auflaufform
⅕ l Crème fraîche, mit 2–3 EL geriebenem Parmesankäse und 1 TL scharfem Senf vermischt

Die weichgekochten Sojabohnen mit Zwiebel und Petersilie vermengen und mit Muskatnuß, Salz und Pfeffer würzen. Das Ganze in eine ausgebutterte Auflaufform füllen und mit der Crème fraîche-Mischung überziehen. Im vorgeheizten Backofen bei 220° C in etwa ¼ Stunde goldbraun überbacken. Mit zurückbehaltener Petersilie bestreuen und Würstchen, Kasseler oder Schweinekoteletts dazu servieren.

Soja-Mayonnaise

(Rein pflanzliche Mayonnaise ohne Eier)

100 g Sojamilchpulver
¼ l Wasser
Salz
⅜ l Sonnenblumenöl oder Olivenöl (kaltgepreßt)
Saft von ½ Zitrone
etwas Paprikapulver (edelsüß)
1 durchgepreßte Knoblauchzehe
1 TL scharfer Senf
1 Büschel frischer Kräuter, feingewiegt (Auswahl nach Geschmack)
einige feingewiegte Kapern

In einem Rührbecher mit einem Handrührer Wasser, Sojamilchpulver und Salz verquirlen und nach und nach das Öl unterrühren. Tropfenweise Zitronensaft dazugeben und rühren, bis die Sauce cremig dick wird. Ganz nach persönlichem Geschmack mit Senf, Kräutern, Kapern und anderen Gewürzen abschmecken.

Gerichte mit schwarzen Sojabohnen

Schwarze gesalzene Bohnen

(Chinesisch: *dowsee*)

Diese fermentierten, stark gesalzenen, kräftig schmeckenden Sojabohnen sind in Gläsern, Dosen oder Plastikbeuteln erhältlich. Damit Gerichte mit schwarzen Bohnen nicht zu salzig werden, spült man die Bohnen vor der Verwendung in einem Sieb ab. In ein Schraubglas umgefüllt sind die schwarzen Bohnen im Kühlschrank ½ Jahr haltbar. Man kann auf die Bohnen in angebrochenen Packungen auch etwas Erdnußöl gießen, um sie vor dem Austrocknen zu schützen.

Hähnchenbrust mit Sojasprossen in schwarzer Bohnensauce

(Chinesisch)

ca. 150 g Hähnchenbrustfilets, in Streifen geschnitten
150 g Sojasprossen
2 EL schwarze Bohnen, in einem Sieb abgespült
2 zerdrückte Knoblauchzehen
1 EL Sojasauce
1 Gläschen Sherry
½ Tasse Wasser
1 EL Speisestärke, in etwas Wasser angerührt
1 EL Erdnuß- oder Sonnenblumenöl

Die schwarzen Bohnen zerdrücken und mit Knoblauch, Sojasauce, Sherry und Wasser vermischen. Das Öl erhitzen und unter Rühren die Bohnenmischung darin zum Kochen bringen. Die Hähnchenstreifen dazugeben und unter Rühren 2 Minuten garen. Das Ganze mit Speisestärke eindicken. Zum Schluß die Sojasprossen unterheben und 1 Minute ziehen lassen. Zu Reis servieren.

Geschmorte Spareribs mit schwarzen Bohnen
(Chinesisch)

ca. 2 kg Spareribs (Schälrippchen), zerteilt und quer in 3 cm große Stücke geschnitten oder gehackt
1–2 EL Erdnuß- oder Sonnenblumenöl
2 in Salz zerdrückte Knoblauchzehen
2 EL Sojasauce
1 EL Zucker
2 schwarze Bohnen, zerdrückt
¼ l Wasser
1 EL Speisestärke, in etwas Wasser angerührt

In einem großen Schmortopf die Spareribs in heißem Öl bei starker Hitze unter ständigem Rühren hellbraun anbraten. Die Hitze dann reduzieren, Knoblauch, Sojasauce, Zucker und zerdrückte schwarze Bohnen unterrühren und mit Wasser aufgießen. Alles durchrühren, einmal aufkochen lassen und dann zugedeckt bei milder Hitze 1 Stunde köcheln lassen. Gelegentlich umrühren.

Die Spareribs herausnehmen und warm halten. Die Sauce mit etwas Wasser aufgießen, entfetten und mit Speisestärke andicken. Noch einmal aufkochen lassen, mit Sojasauce abschmecken und zu den Spareribs servieren.

Gebratener Fisch mit schwarzen Bohnen

(Malaysia)

500 g Fischfilets
Sonnenblumenöl zum Braten
2 Zwiebeln, halbiert und in feine Ringe geschnitten
2 zerdrückte Knoblauchzehen
1 Stück frischer Ingwer, gerieben
2 EL schwarze Sojabohnen, zerdrückt
2 frische Chilis, entkernt und kleingeschnitten
1 EL Sojasauce
etwas Zitronensaft zum Abschmecken

In einer Pfanne in heißem Öl die Fischfilets auf beiden Seiten goldbraun anbraten, dann herausnehmen und warm halten. Die Zwiebeln in der Pfanne andünsten, dann Knoblauch und Ingwer unter Rühren kurz mitdünsten. Schwarze Bohnen, Chilis und Sojasauce dazugeben, etwas Wasser dazugießen und alles unter Rühren köcheln lassen, bis die Sauce sämig geworden ist. Die Fischfilets wieder in die Pfanne geben und noch 5 Minuten schmoren lassen. Dabei einmal wenden. Zum Schluß die Sauce mit Zitronensaft abschmecken. Mit Reis servieren.

Gefüllte Paprikaschoten in schwarzer Bohnensauce

(Chinesisch)

5–6 Paprikaschoten, längs halbiert und geputzt; Stengelansatz entfernt
Sonnenblumenöl zum Braten
etwas Fleischbrühe

Füllung:
250 g Shrimps
250 g gemischtes Hackfleisch
1 Ei
½ TL Salz
1 EL Zucker
1 EL Speisestärke
2 EL Sojasauce
etwas geriebene frische Ingwerwurzel
Pfeffer aus der Mühle

Sauce:
1 EL Sonnenblumenöl
2 EL schwarze Bohnen
2 durchgepreßte Knoblauchzehen
Salz und Pfeffer aus der Mühle
½ TL Zucker
1 TL Speisestärke, in etwas Wasser angerührt
1 EL Austernsauce

Die Füllung gut vermischen und in die längs halbierten Paprikaschoten streichen. In einem Schmortopf die Schoten in Öl anbraten, dann mit etwas Fleischbrühe aufgießen. Die Paprikaschoten im zugedeckten Topf bei mittlerer Hitze garen lassen, dann herausnehmen und warmstellen. Die Brühe im Topf abgießen und für die Sauce beiseite stellen.
In heißem Öl die Knoblauchzehen unter Rühren andünsten, die schwarzen Bohnen dazugeben und die Brühe dazugießen. Alles einmal aufkochen lassen und die anderen Zutaten unterrühren. Die Sauce abschmecken und zu den Paprikaschoten servieren.

Rumpsteak in schwarzer Bohnensauce

(Chinesisch)

500 g Rumpsteak oder Rinderfilet, in dünne Streifen geschnitten
2 zerdrückte Knoblauchzehen
2 EL schwarze Bohnen, im Sieb abgespült
1 EL Sojasauce
1 Tasse Wasser
2 TL Zucker
1 EL Speisestärke, in etwas Wasser glattgerührt
1 Tasse junge Erbsen oder Zuckererbsenschoten
2 EL Erdnuß- oder Sonnenblumenöl
1 TL Sesamöl

Die abgespülten schwarzen Bohnen zerdrücken und mit Sojasauce, Wasser und Zucker vermischen. In heißem Öl die Fleischstreifen unter Rühren 1 Minute braten, ganz kurz den Knoblauch mit andünsten und die Bohnenmischung dazugeben. Alles einmal aufkochen und bei schwacher Hitze 5 Minuten ziehen lassen. Das aufgelöste Stärkemehl unterrühren und die Masse eindicken lassen. Die jungen Erbsen oder die Zuckererbsenschoten untermischen und einige Minuten mitgaren lassen. Sofort servieren und Reis dazu reichen.

Entenfleisch mit schwarzer Bohnensauce

(Chinesisch)

250 g gekochtes Entenfleisch, in kleine Würfel geschnitten

Marinade:
½ Tasse Sojasauce
1 TL Sesamöl
etwas schwarzer Pfeffer aus der Mühle
1 EL Speisestärke

1 Stück frische Ingwerwurzel, gerieben
1 feingewiegte Frühlingszwiebel
2 durchgepreßte Knoblauchzehen
4 EL schwarze Bohnen, zerdrückt
2 EL Sonnenblumenöl zum Braten
½ Tasse Hühnerbrühe
1 Gläschen Sherry

Die Speisestärke mit Sojasauce, Sesamöl und Pfeffer verrühren. Das gewürfelte Entenfleisch darin ½ Stunde ziehen lassen.
Ingwer, Frühlingszwiebel, Knoblauch und schwarze Bohnen durchmischen und zu einer Paste verarbeiten.
In heißem Öl die Entenwürfel unter Rühren 3 Minuten braten. Dann die Paste dazugeben und alles unter Rühren 1 Minute weiterbraten. Hühnerbrühe und Sherry dazugießen, das Ganze durchrühren und noch 2 Minuten köcheln lassen. Sofort servieren.

Schweinebauch in schwarzer Bohnensauce

(Chinesisch)

500 g durchwachsener Schweinebauch (ohne Schwarte)
Salz
ca. 200 g Bambussprossen (Konserve), in Stücke geschnitten
2 EL schwarze Bohnen, im Sieb abgespült und abgetropft
2 EL Sojasauce
1 Gläschen Sherry
2 zerdrückte Knoblauchzehen
2 EL Erdnuß- oder Sonnenblumenöl
2 Tassen Wasser

Den Schweinebauch kleinwürfeln und kräftig salzen. Die schwarzen Bohnen zerdrücken und mit Sojasauce, Sherry und Knoblauch vermischen. In sehr heißem Öl die Fleischwürfel unter Rühren einige Minuten lang anbraten, bis sie zu bräunen beginnen. Die Bambussprossen und die Bohnenmischung unterrühren und mit 2 Tassen Wasser aufgießen. Das Ganze zugedeckt noch 40 Minuten bei schwacher Hitze köcheln lassen. Dazu Reis servieren.

Garnelen in schwarzer Bohnensauce

(Chinesisch)

500 g frische Garnelen, aus der Schale gelöst; Eingeweide entfernt
einige getrocknete Pilze, ½ Stunde in warmem Wasser eingeweicht; blättrig geschnitten
2 EL schwarze Bohnen, im Sieb abgespült und abgetropft
1 Gläschen Sherry
2 zerdrückte Knoblauchzehen
1 TL Zucker
1 TL Erdnuß- oder Sonnenblumenöl
1 TL Sesamöl
1 EL Speisestärke, in etwas Wasser angerührt

Im heißen gemischten Öl die Garnelen und Pilze unter Rühren 1 Minute braten. Die schwarzen Bohnen zerdrücken, mit Sherry, Knoblauch und Zucker vermischen und unterrühren. Das Ganze zugedeckt bei schwacher Hitze 5 Minuten lang garen. Mit Speisestärke andicken und alles kurz aufkochen lassen. Dazu Reis oder chinesische Nudeln servieren.

Gerichte mit Tofu (Sojabohnenquark)

Der japanische Name **Tofu** hat sich für den Sojabohnenquark allgemein eingebürgert. Im Chinesischen heißt er *dow foo.*
Tofu wird aus Sojamilch hergestellt, die sich beim Kochen von pürierten Sojabohnen bildet. Durch Zugabe eines Gerinnungsmittels wird die Sojamilch dickgelegt. Der so entstandene Sojabohnenquark wird dann noch gepreßt.
Frischer Tofu ist mit Wasser bedeckt im Kühlschrank 3 Tage haltbar. Das Wasser muß täglich gewechselt werden.
Frischen gelben Tofu bewahrt man auf die gleiche Weise auf.
Getrockneter Tofu ist in Form von Blättern oder runden Stäben erhältlich und muß vor Gebrauch eingeweicht werden.

(Siehe auch Heyne-Biokost-Kochbuch 07/4421, Das Tofu-Kochbuch von Jane O'Brien)

Gebratener Tofu

250 g Tofu, in 3 cm große Stücke geschnitten
Sonnenblumenöl zum Braten

Sauce:
3 EL Sojasauce
2 EL Weinessig
1 EL Zucker
etwas Glutamat
1 EL Speisestärke, in ⅛ l Wasser angerührt

Die Tofustücke in heißem Öl unter Rühren 2–3 Minuten braun und knusprig braten.
Die Sauce anrühren und einmal aufkochen lassen. Noch etwas köcheln lassen, bis sie sämig ist und zu den Tofustücken servieren.

Scharf-saure Suppe mit Tofu

(Chinesisch)

1 l Hühnerbrühe
einige getrocknete chinesische Pilze, ½ Stunde in warmem Wasser eingeweicht und in Streifen geschnitten
½ Tasse Bambussprossen, in Streifen geschnitten (Konserve)
125 g Schweinefleisch, in dünne Streifen geschnitten
Salz und Pfeffer aus der Mühle
125 g Tofu, in feine Streifen geschnitten
1 EL Sojasauce
2 EL Weinessig
einige Spritzer Tabasco
2 EL Speisestärke, mit etwas Wasser angerührt
1 verquirltes Ei
1 EL Sesamöl
1 feingewiegte Frühlingszwiebel zum Bestreuen

Die Hühnerbrühe einmal aufkochen lassen, dann Pilze, Bambussprossen und Schweinefleisch dazugeben und mit Salz und Pfeffer würzen. Bei milder Hitze zugedeckt 3 Minuten köcheln lassen. Tofu, Sojasauce und Weinessig dazugeben. Die Suppe aufkochen lassen, mit Tabasco abschmecken und mit Speisestärke binden. Zum Schluß die nicht mehr kochende Suppe mit dem Ei legieren und mit Sesamöl würzen. Mit Frühlingszwiebeln bestreuen.

Hühnerbrühe mit Tofu

¾ l Hühnerbrühe, entfettet
2 Stück Tofu, zerteilt
200 g gewürfeltes gares Hühnerfleisch
1 Büschel frisches Koriandergrün oder glatte Petersilie, grob geschnitten

Die Hühnerbrühe aufkochen und den Tofu und das Hühnerfleisch dazugeben. Mit Kräutern bestreuen und sofort servieren.

Fritierter Tofu

4 Stück Tofu, in Stücke geschnitten

Sauce:
½ Tasse Sojasauce
½ Tasse süßer Sherry
1 Prise Salz
etwas Glutamat
etwas geriebener Rettich
etwas frische geriebene Ingwerwurzel

Die Tofustücke in der Fritüre bei 170° C goldbraun herausbacken. Auf Küchenkrepp abtropfen lassen. Die Sauce durchrühren und zu den Tofustücken servieren.

Tofu-Omelettes

3 Würfel Tofu, in Stücke geschnitten und mit einer Gabel zerdrückt
3 verquirlte Eier
Salz und Pfeffer aus der Mühle
einige feingewiegte Frühlingszwiebeln
Sonnenblumenöl zum Ausbacken

Sauce:
1 EL Sonnenblumenöl
1 feingewiegte Zwiebel
2 durchgepreßte Knoblauchzehen
2 Tomaten, blanchiert, enthäutet und kleingeschnitten
2 EL Sojasauce
1 EL Zucker
etwas Wasser

Den zerdrückten Tofu mit den Frühlingszwiebeln und den Eiern verrühren und salzen und pfeffern. In heißem Öl mehrere sehr kleine Omelettes backen und warm halten.
Für die Sauce Zwiebel und Knoblauch in heißem Öl unter Rühren anbraten. Dann die Tomaten dazugeben und sämig verkochen lassen. Sojasauce, Zucker und etwas Wasser unterrühren und alles einmal aufkochen lassen. Zu den Tofu-Omelettes servieren.

Tofu mit Hummersauce

(Chinesisch)

125 g Hummerfleisch (Konserve)
2 EL Erdnuß- oder Sonnenblumenöl
einige kleingeschnittene Frühlingszwiebeln
etwas frische geriebene Ingwerwurzel
1 Tasse Hühnerbrühe
etwas Pfeffer aus der Mühle
2 EL Speisestärke, in etwas Wasser angerührt
Salz

In heißem Öl Frühlingszwiebeln und Ingwer kurz umrühren, dann mit Brühe aufgießen und alles einige Minuten köcheln lassen. Das Hummerfleisch dazugeben, heiß werden lassen und mit Pfeffer würzen. Die Sauce mit Speisestärke binden. Die Tofustücke in die Sauce geben, leicht erwärmen, aber nicht kochen lassen. Mit Salz abschmecken und mit Reis servieren.

Gebackener Tofu mit Sojasprossen

(Indonesisch)

4 Kuchen harter gelber Bohnenquark, gewürfelt
Sonnenblumenöl zum Ausbacken
150 g Sojasprossen
einige kleingeschnittene Frühlingszwiebeln

Sauce:
½ Tasse Sojasauce
1 EL Zucker
1 feingewiegte Zwiebel
1 durchgepreßte Knoblauchzehe
1 frische Chili, entkernt und feingewiegt

Die Tofustücke in Öl schwimmend goldbraun herausbacken und auf Küchenkrepp entfetten. Anrichten und die Sojasprossen darüber verteilen. Mit Frühlingszwiebeln bestreuen. Die Sauce durchrühren, bis sich der Zucker gelöst hat und darübergießen.

Tofu mit schwarzen Bohnen

2 Kuchen gelber Tofu, gewürfelt
2 EL Sonnenblumenöl
2 durchgepreßte Knoblauchzehen
2 frische Chili, entkernt und feingewiegt
2 EL fermentierte schwarze Sojabohnen (Dose), zerdrückt
125 g Krabbenfleisch
½ Tasse Wasser
2 EL helle Sojasauce
1 Prise Salz
etwas kleingeschnittenes Koriander- oder Selleriegrün
1 feingewiegte Frühlingszwiebel zum Bestreuen

In heißem Öl Knoblauch und Chilis kurz anbraten. Schwarze Bohnen und Krabben dazugeben und kurz rühren. Die Tofustücke unter Rühren 1 Minute mitbraten, dann Wasser und Sojasauce dazugießen und alles köcheln lassen, bis die Flüssigkeit verdampft ist. Mit Salz abschmecken und mit Kräutern und Frühlingszwiebeln bestreuen.

Tofu mit Austernsauce und Pilzen

500 g Tofu, in kleine Stücke gebrochen
Sonnenblumenöl zum Braten
100 g blättrig geschnittene Zuchtpilze
3 EL Austernsauce
Salz und Pfeffer aus der Mühle

Die Pilze unter Rühren in heißem Öl 2 Minuten braten. Die Tofustücke dazugeben und 2 Minuten mitbraten. Die Austernsauce unterrühren und das Ganze mit Salz und Pfeffer abschmecken. Sofort servieren.

Eierpudding mit Tofu

2 Stück Tofu, in Würfel geschnitten
1 kleine Schüssel Brunnenkresse, ohne grobe Stiele, blanchiert und abgetropft
einige blättrig geschnittene Zuchtpilze

Eierpudding:
4 verquirlte Eier
2 Tassen Hühnerbrühe
etwas Salz
1 EL Sojasauce
1 Gläschen Sherry

Tofu, Brunnenkresse und Pilze auf 4 Puddingtassen verteilen. Die Puddingmasse anrühren, abschmecken und darübergießen. Den Pudding in den Tassen im Wasserbad zugedeckt garen. Sofort servieren.

Schellfisch mit Tofu

250 g Schellfischfilet
250 g Tofu, in kleine Stücke gebrochen
Sonnenblumenöl zum Braten
3 EL Sojasauce
1 Gläschen Sherry
etwas geriebene frische Ingwerwurzel
2 feingewiegte Frühlingszwiebeln
1 Prise Salz
⅛ l Wasser

Das Schollenfilet in heißem Öl 2 Minuten braten. Den Ingwer dazugeben und das Fischfilet mit Sojasauce und Sherry beträufeln. Zugedeckt bei milder Hitze noch 5 Minuten dünsten.
Frühlingszwiebeln und Tofustücke zum Fisch geben. Etwas Wasser angießen und alles noch 5 Minuten köcheln lassen. Mit Salz abschmecken und sofort servieren.

Gerichte mit Miso

Miso ist eine Paste aus gesalzenen, vergorenen, gekochten Sojabohnen, Weizen und Reis. Es ist in den Sorten *aka miso* (rötlich) und *shiro miso* (weiß) in Dosen erhältlich und bis zu einem Jahr haltbar.

Miso-Suppe mit frischen Kräutern

¾ l Gemüsebrühe
1 EL Miso
1 Büschel grob geschnittene frische Kräuter: Kerbel, Petersilie, Borretsch, Kresse, Schnittlauch o. a.

Die Gemüsebrühe aufkochen, Miso dazugeben und verrühren. In Suppentassen anrichten und mit den Kräutern bestreuen.

Miso-Suppe mit Pilzen und Tofu

1 l Hühnerbrühe
2 EL Miso
4 Würfel Tofu
2 Frühlingszwiebeln, schräg in Stücke geschnitten
einige blättrig geschnittene Zuchtpilze, in etwas Öl kurz angedünstet

Die Hühnerbrühe aufkochen und Miso darunterrühren. Tofu, Frühlingszwiebeln und Pilze kurz in der Suppe ziehen lassen. Sofort servieren.

Miso-Tomaten-Suppe

1 Scheibe durchwachsener Speck, gewürfelt
2 zerdrückte Knoblauchzehen
1 feingewiegte Zwiebel
einige Tomaten, blanchiert, gehäutet und kleingeschnitten
½ l Wasser
2 EL Miso
1 EL Weinessig
etwas Pfeffer aus der Mühle

In einem Topf die Speckwürfel auslassen und Knoblauch und Zwiebel darin unter Rühren anbraten. Die Tomaten dazugeben und unter Rühren sämig verkochen lassen. Mit Wasser aufgießen und Miso darunterrühren. Die Suppe aufkochen und mit Weinessig und Pfeffer abschmecken.

Miso-Suppe mit Gemüse und Tofu

Sonnenblumenöl zum Anbraten
1 feingewiegte Zwiebel
1 Karotte, in Scheibchen geschnitten
1 Stange Bleichsellerie, in Scheibchen geschnitten
¾ l Wasser
2 EL Miso
2 Stück Tofu, gewürfelt

In einem Topf in heißem Öl die Zwiebel unter Rühren anbraten, Karotte und Sellerie dazugeben und kurz rühren. Mit Wasser aufgießen und Miso unterrühren. Einmal aufkochen lassen, die Tofustücke dazugeben und sofort servieren.

Miso-Zwiebel-Suppe

500 g Zwiebeln, in Ringe geschnitten
Sonnenblumenöl
1 l Wasser
4 EL Miso
1 TL gemahlener Kümmel
Pfeffer aus der Mühle
einige Frühlingszwiebeln, schräg in Stücke geschnitten
2 EL Speisestärke, in etwas Wasser angerührt
1 Büschel Schnittlauch zum Bestreuen

Die Zwiebeln in heißem Öl unter Rühren glasig andünsten. Mit Wasser aufgießen und Miso unterrühren. Die Suppe aufkochen lassen und mit gemahlenem Kümmel und Pfeffer würzen. Frühlingszwiebeln dazugeben und mit Speisestärke binden. Die Suppe in den Tellern mit Schnittlauch bestreuen.

Miso-Sauce

Zu Teigwaren, Reis, Gemüse, Grillfleisch und Frikadellen.

1 feingewiegte Zwiebel
etwas Sonnenblumenöl
1 EL Mehl
¼ l Wasser
1 EL Miso
Pfeffer aus der Mühle
1 Büschel grob geschnittene Petersilie

Die Zwiebel unter Rühren in heißem Öl andünsten. Mit Mehl bestäuben und durchrühren. Mit Wasser aufgießen und Miso unterrühren. Alles einmal aufkochen und zum Schluß mit Pfeffer abschmecken und die Petersilie unterziehen.

Fleischgerichte mit Soja

Rotgekochtes Fleisch und Geflügel ist in der chinesischen Küche besonders beliebt. Unter Rotkochen versteht man das Kochen bzw. Schmoren von Fleisch in dunkler Sojasauce, wodurch es eine rötlich-braune Farbe erhält.
Den übrigbleibenden Saucenfond nennt man Meistersauce. Mit frischen Zutaten ergänzt, verwendet man sie immer wieder bei weiteren rotgekochten Gerichten. Man bewahrt sie im Kühlschrank oder tiefgekühlt auf.

Schweinebraten auf chinesische Art

(Kalt serviert)

1 kg Schweineschulter oder -keule

Marinade:
½ Tasse helle Sojasauce
1 EL Hoisinsauce
1 Gläschen Sherry
2 EL Zucker
2 EL Honig
2 durchgepreßte Knoblauchzehen
1 Stück frische Ingwerwurzel, gerieben
3 Stück Sternanis, im Mörser etwas zerstoßen

Die Marinade anrühren, das Fleisch damit bestreichen und einige Stunden durchziehen lassen. Den Schweinebraten auf den Rost des Backofens legen und bei 220° C ¼ Stunde lang braten. Dann bei mittlerer Hitze von 180° C das Fleisch noch eine Stunde lang braten. Dabei immer wieder mit der Marinade bestreichen. Den Braten erkalten lassen und dünn aufschneiden. Zu kalten Platten oder als Beilage zu anderen Gerichten servieren.

Marinierte Schweinespießchen vom Grill

500 g Schweineschnitzel, in Würfel geschnitten

Soja-Honigmarinade:
½ Tasse Sojasauce
3 EL Honig
2 EL scharfer Senf
Saft von ½ Zitrone

Sonnenblumenöl zum Braten
Salz und Pfeffer aus der Mühle
100 g Rahm (½ Becher)
1 großes Büschel Dill, grob geschnitten
einige EL saurer Rahm

Die Marinade gut durchrühren und die Fleischwürfel einige Stunden darin ziehen lassen. Öfters wenden. Die Fleischwürfel dann auf 4 Spieße stecken und abtropfen lassen.
In heißem Öl in einer Pfanne die Fleischspieße rundum knusprig braten und mit Salz und Pfeffer würzen. Die Spieße dann aus der Pfanne nehmen und warmhalten.
Die Marinade und den Rahm in die Pfanne gießen und unter ständigem Rühren etwas einkochen lassen. Vom Herd nehmen und Dill und sauren Rahm unterrühren. Mit Soja, Salz und Pfeffer abschmecken und zu den Schweinespießchen servieren. Mit einigen zurückbehaltenen kleinen Dillzweigen garnieren und Weißbrot dazu reichen.

Zweimal gebratenes Schweinefleisch

(Chinesisch)

ca. 800 g kalte Schweineschulter; der Rest von ca. 2 kg Schweinsbraten, am Vortag gegart
250 g Weißkohl, in Streifen geschnitten
1 Bündel Frühlingszwiebeln, in Röllchen geschnitten
250 g Sojabohnensprossen
1–2 EL Sonnenblumenöl zum Braten

Sauce:
3 EL Sojasauce
1 Gläschen trockener Sherry
1 Glas trockener Weißwein
1 EL Sesamöl
einige durchgepreßte Knoblauchzehen
1 Stück Ingwerwurzel, gerieben
einige Spritzer Tabasco
1–2 TL Speisestärke
Salz

Den kalten Schweinsbraten zuerst in dünne Scheiben, dann in Streifen schneiden und längere Streifen noch halbieren. In einem großen gußeisernen Topf oder in einer breiten Pfanne in heißem Öl die Weißkohlstreifen unter ständigem Rühren goldgelb braten. Dann das Schweinefleisch und die Frühlingszwiebeln dazugeben und unter Rühren kurz mitbraten. Zum Schluß die Sojasprossen untermischen und bei reduzierter Hitze mitgaren.
Mit den genannten Zutaten die Sauce anrühren und über das Fleisch gießen. Das Ganze unter ständigem Rühren noch einige Minuten köcheln lassen. Mit Sojasauce, Tabasco und Salz abschmecken. Dazu Reis servieren.

Gekochte Schweineschulter mit Soja-Knoblauchsauce

(Chinesisch)

ca. 800 g Schweineschulter
Wurzelwerk (Porreestück, Karotte, Zwiebel, Selleriestück)
1 Lorbeerblatt
einige Pfefferkörner
einige Pimentkörner
Salz
½ Salatgurke, möglichst ungeschält, in dünne Scheiben geschnitten

Soja-Knoblauchsauce:
½ Tasse Sojasauce
einige zerdrückte oder durchgepreßte Knoblauchzehen
1 TL Sesamöl
½ Tasse Kochsud
einige Spritzer Tabasco
Salz

In einem Topf Wasser mit Wurzelwerk und den Gewürzen aufkochen, die Schweineschulter dazugeben und in etwa 1 Stunde weichkochen. Dann Schwarte und Fett nach Belieben abtrennen und das Fleisch in Scheiben schneiden.
Für die Sauce Sojasauce, Knoblauchzehen und Sesamöl mit Kochsud aufkochen und etwas ziehen lassen. Dann mit Tabasco und Salz abschmecken.
Die Teller mit dünnen Gurkenscheiben auslegen und die Fleischscheiben darauf anrichten. Die Sauce darüber gießen und sofort servieren. Reis als Beilage.

Grillspieße mit Soja-Ingwer-Marinade

Fleisch und Gemüse für die Spieße:
einige Hähnchenflügel
einige Hühnerherzen, gewaschen und geputzt
ca. 150 g Geflügelbrustfilets (Hähnchen, Truthahn oder Ente), in Streifen geschnitten
ca. 150 g Rumpsteak, grob gewürfelt
ca. 500 g Spareribs (Schälrippchen), in kleine Stücke geteilt
1 grüne und 1 rote Paprikaschote, geputzt und in Streifen geschnitten
einige Frühlingszwiebeln, in große Stücke geschnitten
ca. 150 g Champignons oder braune Egerlinge
zahlreiche hölzerne Schaschlikspieße

Soja-Ingwermarinade:
1 Tasse Sojasauce
1 Tasse Sake (japanischer Reiswein) oder trockener Sherry
1 großes Stück frische Ingwerwurzel, gerieben
einige durchgepreßte Knoblauchzehen
2 EL Sonnenblumenöl

Die Marinade anrühren, das Fleisch untermischen und einige Stunden durchziehen lassen. Fleisch und Gemüse auf Schaschlikspieße stecken und auf dem Rost bis zu 20 Minuten (Spareribs und Hähnchenflügel) grillen. Salzen und pfeffern, einige Male wenden und immer wieder mit der Marinade einpinseln.

Marinierte Schweinekoteletts vom Grill

4 Schweinekoteletts à 200 g, die Fettränder mehrfach eingeschnitten
Salz und Pfeffer aus der Mühle

Sojamarinade:
1 Tasse Sojasauce
1–2 Gläschen trockener Sherry
3 durchgepreßte Knoblauchzehen
1 Zweig Thymian, kleingeschnitten

Die Marinade anrühren und die Koteletts über Nacht darin ziehen lassen. Die Koteletts dann mit Küchenkrepp trockentupfen und auf dem Rost im vorgeheizten Grill auf jeder Seite etwa 8 Minuten lang grillen. Gegen Ende der Garzeit das Fleisch immer wieder mit der Marinade bestreichen.

Schweinefleisch in Sojasauce auf indonesische Art

500 g durchwachsener Schweinebauch, gewürfelt
250 g Schweinefilet, in Stücke geschnitten
3 feingewiegte Knoblauchzehen
Sonnenblumenöl zum Braten
1–2 EL Fünfgewürzepulver (Pfeffer, Sternanis, Nelken, Zimt, Fenchel)
3 Stück Sternanis
½ Tasse süße indonesische Sojasauce
Salz und Pfeffer aus der Mühle
1 EL Zucker
etwas Glutamat

In heißem Öl unter Rühren die Schweinebauchwürfel halb gar braten. Das Schweinefilet dazugeben, 5 Minuten mitbraten und dann die Gewürze untermischen. Das Ganze zugedeckt bei milder Hitze ½ Stunde köcheln lassen. Wenn nötig, etwas Wasser dazugießen und gelegentlich umrühren. Zum Schluß die Sauce eindicken lassen und die Sternanis-Sterne entfernen. Mit Reis servieren.

Marinierte Spareribs auf chinesische Art

ca. 2 kg Spareribs, ungeteilt am Stück

Marinade:
2 EL Hoisinsauce
3 EL Sojasauce
1 EL Tomatenpüree
2 EL Honig
2 EL Sherry
1 EL Zucker
1 EL Weinessig
2 kleingeschnittene Schalotten
1 Stück frische Ingwerwurzel, gerieben
2 zerdrückte oder durchgepreßte Knoblauchzehen

Chinesischer Senf:
½ Tasse mittelscharfer Senf
1 EL Sojasauce
1 Gläschen Sherry
etwas frischer geriebener Ingwer
1 EL Honig
½ feingewiegter Pfirsich

Die Marinade gut verrühren, die Spareribs in einer flachen Schüssel damit einpinseln und ½ Tag durchziehen lassen. Den Backofenrost im Rohr auf die oberste Schiene schieben und die Spareribs jeweils mit 2 Haken daran aufhängen. Die Fettpfanne mit Wasser füllen. Die Spareribs im vorgeheizten Backofen bei 200° C etwa 1 Stunde backen, bis sie knusprig sind. Das Fleisch dabei immer wieder mit Marinade einpinseln. Die Spareribs mit chinesischer Pflaumensauce oder mit chinesischem Senf servieren.

In Sojasauce gekochtes Rindfleisch
(Indonesisch)

500 g Rindfleisch (kurze Rippe oder Nuß), in kleine Würfel geschnitten
1 feingewiegte Zwiebel
2 EL Erdnußöl oder Sonnenblumenöl
2 Knoblauchzehen, mit Salz zerdrückt
1 Stück frische Ingwerwurzel, gerieben
einige im Mörser zerstoßene Pfefferkörner
1 Prise Muskatnuß, Kardamon, Zimt, Nelken (gemahlen)
3–4 EL dunkle Sojasauce
1 EL Zucker
2 EL Tamarindensaft
¼ l heißes Wasser

In einem Schmortopf die Zwiebel in heißem Öl glasig dünsten. Knoblauch und Ingwer unter Rühren kurz mitdünsten. Dann die Fleischwürfel unter ständigem Rühren anbraten. Sojasauce, Tamarindensaft und Wasser dazugießen und die Gewürze unterrühren. Das Ganze einmal aufkochen lassen und dann bei schwacher Hitze zugedeckt etwa 1¼ Stunde schmoren lassen, bis das Fleisch weich und der Saucenfond stark eingedickt ist. Mit Reis servieren.

Spareribs vom Rost
(Chinesisch)

2 kg Spareribs (Schälrippchen)

Marinade:
½ Tasse Sojasauce
1 EL Hoisinsauce
1 EL Sesampaste
1 Gläschen Sherry
2 in Salz zerdrückte Knoblauchzehen
1 Stück frische Ingwerwurzel, gerieben
1 Prise Salz

Die Marinade anrühren und die Spareribs damit einstreichen und übergießen. 1 Stunde oder länger durchziehen lassen. Den Backofen auf 220° C vorheizen und unten in die Fettpfanne Wasser füllen. Die Spareribs auf den Bratrost in der Mitte des Backofens legen und 20 Minuten garen. Dann die Hitze auf 200° C reduzieren, die Spareribs wenden, mit etwas Marinade bestreichen und noch 30–40 Minuten garen, bis sie knusprig braun sind.

Süß-saure Leber mit Aprikosen

ca. 600 g Kalbs- oder Rinderleber, in feine Streifen geschnitten
Sonnenblumenöl zum Braten
einige Frühlingszwiebeln, in Ringe geschnitten
Salz und Pfeffer aus der Mühle
einige halbierte Aprikosen (Dose)

Sauce:
1 Tasse Fleischbrühe
1 Gläschen Sherry
3 EL Sojasauce
1 TL Zucker
1 Tasse Aprikosensaft (Dose)
1 TL Speisestärke, mit etwas Wasser angerührt

In einer Pfanne in heißem Öl Leber und Frühlingszwiebeln unter Rühren 2 Minuten anbraten, dann herausnehmen, salzen und pfeffern und warm stellen.
Fleischbrühe in die Pfanne gießen und den Bratensatz loskochen. Die anderen Zutaten unterrühren und die Sauce 5 Minuten lang köcheln lassen. Mit Speisestärke binden.
Leber, Frühlingszwiebeln und Aprikosen in der Sauce heiß werden lassen. Sofort servieren und mit etwas zurückbehaltenem kleingeschnittenen Zwiebellauch bestreuen.

Marinierte Spareribs mit Tomaten-Dip

(2 Tage mariniert)

2 kg Spareribs (Schälrippchen)

Sojamarinade:
½ Tasse Sojasauce
½ Tasse Tomatenketchup
einige durchgepreßte Knoblauchzehen
1 Stück frische Ingwerwurzel, gerieben
einige Spritzer Tabasco
1 Prise Salz

Tomaten-Dip:
1 EL Sonnenblumenöl
1 feingewiegte Zwiebel
2 durchgepreßte Knoblauchzehen
½ Tasse Tomatenketchup
2 EL Sojasauce
1 EL edelsüßer Paprika
einige Spritzer Tabasco
Salz

Mayonnaise:
1 Eidotter
ca. ⅛ l kaltgepreßtes Olivenöl
1 TL scharfer Senf
Salz und weißer Pfeffer
einige Spritzer Zitronensaft

Die Sojamarinade anrühren. Die Spareribs damit einpinseln und übergießen. In einer großen Schüssel zugedeckt 2 Tage durchziehen lassen.
Für den Tomaten-Dip in heißem Öl die Zwiebel und den Knoblauch unter Rühren andünsten. Tomatenketchup und Sojasauce unterrühren und mit Paprika, Tabasco und Salz würzen. Die Sauce 5 Minuten köcheln lassen und, wenn nötig, etwas Wasser zugießen. Die Sauce erkalten lassen und die Mayonnaise zubereiten. In einem Rührbecher mit einem elektrischen Handrührer den Eidotter mit Salz, Pfeffer und Senf verquirlen und dann nach und nach das Olivenöl unterrühren. Einige Spritzer Zitronensaft dazugeben und weiterrühren, bis die Sauce sämig ist. Dann die Mayonnaise unter den Tomaten-Dip rühren und die Sauce kalt stellen.
Den Backofen auf 200° C vorheizen und in die Fettpfanne

Wasser gießen. Die Spareribs auf den Bratrost in der Mitte des Backofens legen und je nach Dicke 30–45 Minuten garen, bis sie knusprig sind. Dabei einmal wenden. Dazu Petersilienkartoffeln oder Kartoffelsalat und Salate nach Saison servieren.

Rotgekochtes Rindfleisch
(Chinesisch)

ca. 2 kg Rinderbeinfleisch (Wadschinken)
¾ l Wasser
2½ Tassen dunkle Sojasauce
2 Gläschen Sherry
1 Stück frische Ingwerwurzel, geschält und in dünne Scheiben geschnitten
3 zerdrückte Knoblauchzehen
3 ganze Sterne Sternanis
2 EL Zucker
1 EL Sesamöl zum Bestreichen

Das Rinderbeinfleisch in einen passenden engen Topf legen, Wasser, Sojasauce, Sherry und die anderen Zutaten dazugeben. Das Ganze einmal aufkochen lassen und dann bei mittlerer Hitze zugedeckt etwa 3 Stunden köcheln lassen, bis das Fleisch weich ist. Das Fleisch gelegentlich wenden.
Dann das Rindfleisch auslösen und in Scheiben schneiden. Mit der Sauce übergossen servieren.
Man kann das Fleisch auch in der Sauce abkühlen lassen und dann in Scheiben geschnitten zu kalten Platten servieren. Mit etwas Sesamöl bestreichen und etwas Sauce dazu servieren. Die verbliebene Sauce, die Meistersauce, bewahrt man im Kühlschrank oder tiefgefroren für weitere Gerichte auf.

Rindfleisch Chop Suey
(Chinesisch)

500 g Roastbeef, in Streifen geschnitten
einige getrocknete Morcheln, ½ Stunde in warmem Wasser eingeweicht
2 Stangen Staudensellerie, in Streifen geschnitten
1 kleiner Kopf Chinakohl, in Streifen geschnitten
250 g grüne Bohnen, in wenig Wasser gedünstet
2 feingewiegte Knoblauchzehen
etwas frischer geriebener Ingwer
1 gewürfelte Zwiebel
Sonnenblumenöl zum Braten
1 Tasse Fleischbrühe
1 EL Speisestärke, mit etwas Pilz-Einweichwasser angerührt

Marinade:
½ Tasse Sojasauce
1 Gläschen Sherry oder Reiswein
1 TL Speisestärke, mit etwas Wasser angerührt
1 TL Zucker

Die Fleischstreifen 1 Stunde oder länger in der Marinade ziehen lassen. In heißem Öl Knoblauch und Ingwer unter Rühren andünsten, das Gemüse dazugeben und einige Minuten pfannenrühren. Dann das Ganze aus der Pfanne nehmen, etwas Öl in der Pfanne erhitzen und die abgetropften Fleischstreifen unter Rühren kurz braten. Das Gemüse wieder dazugeben, Brühe und Speisestärke dazugießen und alles einmal aufkochen lassen. Mit Reis servieren.

Sesam-Kalbsschnitzel

4 Kalbsschnitzel
1 Tasse Sojasauce
1 EL Speisestärke
Salz und Pfeffer aus der Mühle
4 EL Sesamkörner
Sonnenblumenöl zum Braten
einige getrocknete Morcheln, ½ Stunde in warmem Wasser eingeweicht
½ Porreestange, in dünne Ringe geschnitten
1 Zwiebel, halbiert und in Ringe geschnitten
1–2 Pfefferschoten, entkernt und kleingeschnitten
⅛ l Weißwein
⅛ l Kokosmilch aus einer frischen Kokosnuß

Sojasauce und Stärkemehl verrühren und die Schnitzel darin 1 Stunde oder länger marinieren.
Die Schnitzel dann salzen und pfeffern, in Sesamkörnern wenden und in Öl bei kleiner Flamme auf beiden Seiten goldgelb braten. Herausnehmen und warm halten.
Porree, Zwiebel und Pfefferschoten unter Rühren in heißem Öl andünsten. Mit Weißwein, Kokosmilch und der Marinade aufgießen und einmal aufkochen lassen. Die Pilze dazugeben und das Ganze noch 5 Minuten köcheln lassen. Mit Salz und Pfeffer abschmecken und zu den Kalbsschnitzeln servieren.

Soja-Leber mit Frühlingszwiebeln und Porree

500 g Leber, in dünne Streifen geschnitten

Marinade:
1 EL Speisestärke
3 EL Sojasauce
1 Gläschen Sherry

2 feingewiegte Frühlingszwiebeln
2 Stangen Porree (untere Hälfte), in Ringe geschnitten
2 EL Sonnenblumenöl
1 TL Zucker
1 Prise Salz

Die Speisestärke mit Sojasauce und Sherry verrühren und die Leberstreifen 1 Stunde darin ziehen lassen. Dann in heißem Öl die Leber unter Rühren 1 Minute braten. Frühlingszwiebeln und Porree dazugeben und alles durchrühren. Die verbliebene Marinade dazugießen, mit Salz und Zucker abschmecken und das Ganze noch 1 Minute köcheln lassen. Sofort servieren.

Kalbsleber in Sojasauce

4 Scheiben Kalbsleber oder in Milch einige Stunden marinierte Rindsleber, in Stücke geschnitten
2 EL Sonnenblumenöl
2 Zwiebeln, in Ringe geschnitten
2 Äpfel, geschält, entkernt und in Scheiben geschnitten

3 zerdrückte Knoblauchzehen
½ Tasse Sojasauce
1 EL Tomatenketchup
1 Prise Zucker
1 Spritzer Tabasco
Salz und Pfeffer aus der Mühle
1 TL Stärkemehl, mit etwas Weißwein glattgerührt

Zwiebeln, Äpfel und Knoblauch unter Rühren in heißem Öl einige Minuten lang andünsten. Die Leberstücke dazugeben und 1 Minute umrühren. Sojasauce und Tomatenketchup unterrühren und mit Zucker, Tabasco, Salz und Pfeffer abschmecken. Das angerührte Stärkemehl unterziehen und die Sauce eindicken lassen. Sofort servieren und Reis dazu reichen.

Schaschlik vom Grill mit Sojamarinade

Pro Schaschlikspieß:
4 Würfel Rindsfilet oder Huft
3 große Champignons oder braune Egerlinge
2 Tomaten
3 Stücke Paprikaschote
1 Zwiebel, halbiert
Salz und Pfeffer aus der Mühle

Sojamarinade:
1 Tasse Sojasauce
½ Tasse Weinessig
½ Tasse Ananassaft
einige durchgepreßte Knoblauchzehen
½ Tasse Zucker

Die Sojamarinade verrühren, kurz aufkochen und wieder erkalten lassen. Das gewürfelte Rindfleisch einige Stunden in der Marinade ziehen lassen. Dann das Fleisch und die anderen Zutaten abwechselnd auf die Schaschlikspieße stecken und leicht salzen und pfeffern. Auf dem Rost 20 Minuten lang grillen, dabei die Spieße mehrmals wenden und mit Marinade bestreichen.

Indonesische Schweinefleischspießchen vom Grill

500 g Schweinekeule oder -Schulter, in 3 cm große Würfel geschnitten
1 Tasse indonesische Sojasauce
Pfeffer aus der Mühle
etwas Sonnenblumenöl
Salz
Kokosraspeln

Die Fleischwürfel über Nacht in der Sojasauce marinieren. Das Fleisch auf Spießchen stecken, pfeffern und mit Öl bestreichen. Auf dem Grillrost etwa 8 Minuten rösten. Dabei einmal wenden. Zum Schluß salzen, mit Kokosraspeln bestreuen und mit etwas Sojasauce beträufeln.

Geflügel mit Soja

Rotgekochtes Huhn

(Chinesisch / kalt serviert)

1 großes Brathähnchen
1½ Tassen Wasser
1½ Tassen Sojasauce
½ Tasse Sherry
1 Stück frische Ingwerwurzel, geschält und in dünne Scheiben geschnitten
2 durchgepreßte Knoblauchzehen
2 Stück Sternanis
1½ EL Zucker
1 EL Sesamöl zum Bestreichen

Das Huhn mit der Brustseite nach unten in einen engen Topf legen, damit es möglichst vollständig mit der Sauce bedeckt ist. Die Sojamischung mit den genannten Zutaten zum Hähnchen gießen. Die Sauce einmal aufkochen und das Hähnchen dann bei milder Hitze ¼ Stunde köcheln lassen. Das Hähnchen wenden und noch weitere 20–30 Minuten köcheln lassen, bis es gar ist. Dabei die Brust öfters mit der Sauce begießen.
Den Topf dann vom Herd nehmen und das Hähnchen in der Sauce erkalten lassen. Dann das Hähnchen auf eine Platte legen und mit dem aromatischen Sesamöl einpinseln. Das Hähnchen entweder auf chinesische Art der Länge nach halbieren und in Streifen schneiden oder wie üblich tranchieren. Die einzelnen Stücke dann so zusammensetzen, daß sich die ursprüngliche Form wieder ergibt. Dazu etwas durchgeseihte zimmerwarme Sauce und Reis servieren.
Die übrig gebliebene Sauce kann im Kühlschrank oder tiefgefroren für weitere Gerichte aufbewahrt werden.

Soja-Hähnchen

(In Alufolie geschmort)

1 Brathähnchen, in Portionsstücke zerlegt
Alufolie, glänzende Seite oben

Sauce:
1 Tasse Sojasauce
Saft von ½ Zitrone
2 durchgepreßte Knoblauchzehen
1 TL Zucker
1 Stück Ingwerwurzel, gerieben
etwas frischer grob geschnittener Oregano
Salz und Pfeffer aus der Mühle

Eine flache feuerfeste Form mit Alufolie auskleiden und die Hähnchenteile dicht nebeneinander darauflegen. Die Sauce verquirlen und darübergießen. Die Hähnchenstücke mit Alufolie bedecken und im vorgeheizten Backofen bei 220° C 40 Minuten lang backen. Dann die Folie öffnen, die Hähnchenteile wenden und mit etwas zurückbehaltener Sauce begießen. Wieder mit der Folie bedecken und noch ¼ Stunde garen.

Ingwerhähnchen

(Chinesisch)

1 Hähnchen, in Portionsstücke zerteilt
2 EL Erdnuß- oder Sonnenblumenöl
1 Stück frische Ingwerwurzel, geschält, in Scheiben und dann in Stifte geschnitten
2 Knoblauchzehen, mit Salz zerdrückt
1 Gläschen Sherry
1 EL Honig
½ Tasse Sojasauce
einige Pfefferkörner, im Mörser grob zerstoßen
1 Stück Sternanis

In heißem Öl Ingwer und Knoblauch unter Rühren andünsten. Die Hähnchenteile dazugeben und rundum hellbraun anbraten. Sherry, Honig, Sojasauce, Pfeffer und Sternanis dazugeben und das Ganze zugedeckt bei schwacher Hitze köcheln lassen, bis das Fleisch gar ist. Die Hähnchenteile gelegentlich wenden und, wenn nötig, etwas Wasser dazugießen. Sternanis entfernen und die Hähnchenteile mit der Sauce servieren. Dazu Reis reichen.

Poularde in Sojasauce
(Chinesisch)

1 Poularde (ca. 1,5 kg)

Sauce:
2 Tassen Sojasauce
2 Tassen Wasser
2 Gläschen Sherry oder Reiswein
1 feingewiegte Zwiebel
1 Stück frische Ingwerwurzel, gerieben
1 EL Zucker
½ Tasse Austernsauce
1 Prise Salz und etwas Pfeffer aus der Mühle

Die Sauce in einem Topf aufkochen, die Poularde auf der Seite liegend hineingeben und ½ Stunde kochen lassen. Nach ¼ Stunde wenden.
Inzwischen den Backofen auf 220° C vorheizen, und in die Fettpfanne Wasser gießen. Die Poularde aus dem Topf nehmen und auf den Bratrost im Backofen setzen. Noch 15 Minuten garen lassen und dabei immer wieder mit der Sauce bestreichen, bis sie knusprig braun ist. Dabei einmal wenden. Die verbliebene Sauce kann für spätere Gerichte im Kühlschrank oder auch tiefgefroren aufbewahrt werden.

Hähnchenbrust mit Hoisinsauce

2 Hähnchenbrustfilets, gewürfelt
einige blättrig geschnittene Egerlinge oder andere Zuchtpilze
½ Paprikaschote, geputzt und gewürfelt
1 Tasse gewürfelte Bambussprossen (Konserven)
Sonnenblumenöl zum Braten

Sauce:
3 EL Hoisinsauce
1 EL Sojasauce
1 Gläschen Sherry

In einer Pfanne in heißem Öl Pilze, Paprikawürfel und Bambussprossen unter Rühren 2 Minuten andünsten. Dann das Hähnchenfilet dazugeben und einige Minuten umrühren. Die Sauce dazugießen, das Ganze einmal aufkochen lassen und sofort servieren.

Hähnchenflügel in Soja-Honig-Sauce geschmort

(Chinesisch)

ca. 1,5 kg Hähnchenflügel, halbiert
Sonnenblumenöl zum Braten
½ Tasse dunkle Sojasauce
3 EL Honig
1 Gläschen Sherry
2 durchgepreßte Knoblauchzehen
etwas geriebene frische Ingwerwurzel

Die Hähnchenflügel in einer Schmorpfanne in heißem Öl unter Rühren 4 Minuten goldbraun anbraten. Sojasauce, Honig, Sherry, Knoblauch und Ingwer darunterrühren und alles zugedeckt bei schwacher Hitze etwa ½ Stunde lang schmoren lassen. Dabei immer wieder umrühren. Mit Reis servieren.

Hähnchen mit süß-saurer Sauce und Ananas

1 Hähnchen
1 Tasse Ananasstücke, frisch oder Konserve
½ Paprikaschote, geputzt und gewürfelt
2 kleingeschnittene Knoblauchzehen
1 EL Speisestärke
Sonnenblumenöl zum Anbraten
etwas Ananassaft und Wasser

Marinade:
½ Tasse Sojasauce
1 Gläschen Sherry
etwas frischer geriebener Ingwer

Süß-saure Sauce:
abgelöschter Bratensatz
6 EL Weinessig
6 EL Zucker
4 EL Tomatenketchup
einige Spritzer Tabasco
Salz
1 TL Speisestärke, in etwas Wasser angerührt

Das Hähnchen mit der Marinade bestreichen und 2 Stunden durchziehen lassen. Einmal wenden und wieder bestreichen. Dann das Hähnchen mit Speisestärke bestäuben und in heißem Öl in einem Schmortopf rundum anbraten. Die Knoblauchzehen unter Rühren mitbraten. Mit Ananassaft und etwas Wasser ablöschen und das Hähnchen zugedeckt bei mittlerer Hitze etwa eine ¾ Stunde schmoren lassen. Dabei einmal wenden. Das Hähnchen dann herausnehmen, tranchieren und warm halten. Den Bratensatz mit etwas Wasser unter Rühren aufkochen und zur Sauce verwenden.
In einem Topf etwas Öl erhitzen und die Paprikawürfel unter Rühren kurz anbraten. Den Bratensatz, Weinessig, Zucker und Tomatenketchup unterrühren und mit Tabasco und Salz abschmecken. Die Ananasstücke dazugeben, die Sauce einmal aufkochen und mit Speisestärke andicken. Zum Hähnchen servieren.

Knoblauchhähnchen

1 Hähnchen, in Portionsstücke zerlegt
3 EL Erdnuß- oder Sonnenblumenöl
1 ganze Knoblauchknolle, die einzelnen Zehen geschält und feingewiegt
1 Tasse Weinessig
½ Tasse Sojasauce
3 EL Honig
1 kräftige Prise Cayennepfeffer
1 Prise Salz

In einer Schmorpfanne in heißem Öl die Hähnchenteile rundum anbraten, dann den Knoblauch dazugeben und unter Rühren kurz mitbraten. Mit Essig und Sojasauce aufgießen und Honig, Cayennepfeffer und Salz unterrühren. Bei milder Hitze die Hähnchenteile zugedeckt ¼ Stunde köcheln lassen. Dann den Deckel abnehmen, die Hähnchenteile wenden und das Ganze noch so lange köcheln lassen, bis die Flüssigkeit fast verdampft ist und die Hähnchenteile von der Sauce glasiert sind. Dazu chinesische Nudeln oder Reis servieren.

Knoblauchhähnchen mit süßer Sojasauce
(Indonesisch)

1 Brathähnchen, in Portionsstücke zerteilt
2 EL Sonnenblumenöl
einige zerdrückte oder feingewiegte Knoblauchzehen

Marinade:
½ Tasse süße indonesische Sojasauce
Saft von 1 Zitrone
2 EL Zucker
etwas Glutamat
Salz und Pfeffer aus der Mühle

Die Marinade anrühren und die Hähnchenteile darin einige Stunden ziehen lassen.

Die Hähnchenteile abtropfen lassen und in heißem Öl rundum anbraten. Den Knoblauch und die verbliebene Marinade dazugeben und das Hähnchen zugedeckt bei schwacher Hitze etwa ½ Stunde schmoren lassen. Gelegentlich die Hähnchenteile wenden und, wenn nötig, etwas Wasser dazugießen. Mit der Sauce servieren und Reis und Salate dazu reichen.

Sojahähnchen mit Aprikosen

1 Brathähnchen, in 8 Stücke geteilt

Sojamarinade:
⅛ l Weißwein
1 Tasse Sojasauce
1 feingewiegte Zwiebel
2 zerdrückte Knoblauchzehen
1 TL Zucker
1 Zweig grob geschnittener Estragon

Sonnenblumenöl zum Anbraten
1 Paprikaschote, geputzt und in Streifen geschnitten
einige Aprikosen, blanchiert, enthäutet, halbiert und entsteint
250 g Sojasprossen
Salz

Die Marinade anrühren und die Hähnchenteile darin ½ Tag ziehen lassen. Gelegentlich wenden.
Die Hähnchenteile abtropfen lassen und mit Küchenkrepp trocknen. In einem Schmortopf in heißem Öl die Hähnchenteile rundum anbraten. Die Paprikastreifen untermischen und den größten Teil der Marinade dazugießen. Das Ganze zugedeckt bei kleiner Flamme 20 Minuten schmoren lassen. Wenn nötig, etwas Wasser oder Weißwein dazugießen. Die Aprikosenhälften und die Sojasprossen untermischen, noch etwas Marinade dazugießen und das Ganze zugedeckt 2 Minuten köcheln lassen. Mit Sojasauce und Salz abschmecken. Mit Reis servieren.

Marinierte Hähnchenkeulen vom Grill

8 Hähnchenkeulen

Scharfe Sojamarinade:
1 Tasse Sojasauce
2 EL Apfelessig
1 Gläschen Sherry oder Reiswein
1 Prise Zucker
1 Prise Salz
einige Spritzer Tabasco
1 Chilischote, entkernt und feingewiegt
2 feingewiegte Frühlingszwiebeln

Die Marinade anrühren und die Hähnchenkeulen 1 Stunde darin ziehen lassen. Dabei die Keulen gelegentlich wenden. Dann die Hähnchenkeulen mit Küchenkrepp trockentupfen und quer auf einen Grillspieß stecken. 5 Minuten grillen, dann noch 10 bis 15 Minuten grillen und dabei immer wieder mit der Marinade bestreichen.

Hähnchenkeulen mit süßer Sojasaucenglasur

(Japanisch)

8 Hähnchenkeulen
2 EL Senfpulver, mit etwas heißem Wasser zu einer dicken Paste verrührt
1 Büschel krause Petersilie, zerpflückt

Teriyaki-Sauce:
¼ l Sherry oder Sake
¼ l japanische Sojasauce
¼ l Hühnerbrühe

Teriyaki-Glasur:
5 EL Teriyaki-Sauce
2 EL Zucker
1 EL Speisestärke, mit etwas Wasser angerührt

Das Fleisch der Hähnchenkeulen am unteren Ende des Knochens einschneiden und die Keulen entbeinen. Alle Knorpelteile ebenfalls entfernen. Die Haut sollte dabei nicht verletzt werden.
Die Hähnchenkeulen auf einen Grillrost legen, mit der Teriyaki-Sauce bestreichen und ¼ Stunde lang grillen, bis sie knusprig goldbraun sind. Einige Male wenden und immer wieder mit der Sauce bestreichen.
Für die Glasur Sauce, Zucker und Speisestärke so lange unter Rühren kochen, bis das Ganze von sirupartiger Konsistenz ist.
Die Hähnchenkeulen in 5 cm große Stücke schneiden und anrichten. Mit der Glasur bestreichen. Etwas Senf auf den Teller tupfen und das Ganze mit Petersilie garnieren.

Geschmorte Hähnchenleber in Sojasauce

500 g Hähnchenleber, in Scheiben geschnitten
3 EL Sonnenblumenöl
1 feingewiegte Zwiebel
3 in Salz zerdrückte Knoblauchzehen
1 Stück frische Ingwerwurzel, gerieben
einige Korianderkörner, im Mörser zerstoßen
etwas gemahlener Kreuzkümmel
Salz und Pfeffer aus der Mühle
3–4 EL Sojasauce
½ Tasse Hühnerbrühe

In einer Pfanne in heißem Öl Zwiebel, Knoblauch und Ingwer unter Rühren andünsten. Die Hähnchenleber dazugeben und die Gewürze darüberstreuen. Einige Minuten braten, dann wenden. Sojasauce und Hühnerbrühe dazugießen und die Leber bei schwacher Hitze schmoren lassen, bis sie gar ist. Sofort servieren und Reis dazu reichen.

Marinierte Hähnchenleber vom Grill mit Honigsauce
(Chinesisch)

ca. 600 g Hähnchenleber, in Würfel geschnitten
1 Büschel krause Petersilie oder chinesische Petersilie, zerpflückt

Marinade:
1 EL Hoisinsauce
1 EL Zucker
1 TL Sesamöl
2 EL Sherry
2 EL Sojasauce
1 Stück frischer Ingwer, gerieben

Honigsauce:
½ Tasse Honig
½ Tasse Sojasauce
½ Tasse Wasser

Die Hähnchenleber einige Stunden in der Marinade ziehen lassen. Die Honigsauce 5 Minuten köcheln lassen. Die Hähnchenleber auf vier Spieße stecken und auf dem Grillrost einige Minuten grillen. Dabei immer wieder mit der Marinade bestreichen und einige Male wenden. Mit der Honigsauce übergossen servieren und mit Petersilie garnieren.

Hähnchenspieße vom Grill mit Sojamarinade

2 Hähnchenbrustfilets, ausgelöst und gewürfelt
200 g Hähnchenleber, in Würfel geschnitten

Ingwer-Marinade:
1 Tasse Sojasauce
1 Stück frische Ingwerwurzel, gerieben
3 feingewiegte Frühlingszwiebeln
2 durchgepreßte Knoblauchzehen
3 EL Zucker
2 EL Sonnenblumenöl

Die Marinade gut durchrühren. Filet- und Leberwürfel auf die Spießchen stecken, auf eine tiefe Platte legen und mit der Marinade übergießen. Einige Stunden durchziehen lassen und die Spießchen dabei einige Male wenden.
Die Hähnchenspieße auf dem Rost im vorgeheizten Grill 5–10 Minuten grillen. Dabei immer wieder mit der Marinade bestreichen.

Enten-Chop-Suey

(Indonesisch)

½ ausgelöste Ente, samt der Haut in dünne Streifen geschnitten

Marinade:
1 TL Fünfgewürzmischung
½ Tasse helle Sojasauce

2 Frühlingszwiebeln, kleingeschnitten
1 Porreestange, in Ringe geschnitten
2 Karotten, in Stücke und dann in Stifte geschnitten
1 Stück frische Ingwerwurzel, geschält; in Scheiben und dann in Stiftchen geschnitten
2 EL Sonnenblumenöl
2 EL süße indonesische Sojasauce
Salz und Pfeffer aus der Mühle

Die Fünfgewürzmischung in der Sojasauce verrühren und die Entenstreifen darin 1 Stunde marinieren.
In heißem Öl die Entenstreifen unter Rühren anbraten, dann das Gemüse dazugeben und kurz umrühren. Mit 1 Tasse Wasser ablöschen, die indonesische Sojasauce dazugeben und mit Salz und Pfeffer abschmecken. Das Ganze einmal aufkochen und dann bei milder Hitze 15 Minuten zugedeckt schmoren lassen. Dazu Reis und Salate servieren.

Süß-saure Ente auf chinesische Art

1 Ente, in Portionsstücke zerlegt

Marinade:
½ Tasse Sojasauce
1 Gläschen Sherry
2 durchgepreßte Knoblauchzehen
1 Stück frische Ingwerwurzel, gerieben
Pfeffer aus der Mühle

etwas Speisestärke
Fett oder Öl zum Ausbacken

Sauce:
etwas Erdnuß- oder Sonnenblumenöl
1 feingewiegte Zwiebel
2 in Salz zerdrückte Knoblauchzehen
1 geraspelte Karotte
1 EL Speisestärke
3–4 EL Weinessig
¼ l Fleischbrühe
1 Tasse Ananassaft
1 Prise Cayennepfeffer
2 EL Zucker
1 Prise Salz
3 Scheiben Ananas, gewürfelt

Die Marinade anrühren und die Entenstücke damit bestreichen und übergießen. Einige Stunden durchziehen lassen. Die Entenstücke dann abtropfen lassen, in Speisestärke wälzen und in heißem Fett oder Öl langsam knusprig ausbacken. Für die Sauce in heißem Öl Zwiebel, Knoblauch und Karotte unter Rühren anbraten, mit Speisestärke bestäuben und kurz anrösten. Mit Essig ablöschen und die Fleischbrühe und den Ananassaft dazugießen. Das Ganze etwas köcheln lassen und mit Zucker, Cayennepfeffer und Salz abschmecken. Zum Schluß die Ananasstücke dazugeben und die Sauce zu den Entenstücken servieren.

Geschmorte Ente mit Pilzen

(Chinesisch)

1 Ente (ca. 1,5 kg), der Länge nach halbiert

Marinade:
1 Stück frische Ingwerwurzel, gerieben
Salz und Pfeffer aus der Mühle
3 EL Hoisinsauce
2 EL Sojasauce

2 EL Erdnuß- oder Sojaöl zum Anbraten
1 Tasse Wasser
1 TL Speisestärke, mit etwas Wasser angerührt
einige getrocknete Pilze, ½ Stunde in warmem Wasser eingeweicht; oder einige Zuchtpilze, blättrig geschnitten und in Butter kurz angedünstet

Die Marinade anrühren und die Ente damit bestreichen. 1 Stunde durchziehen lassen.
In einem Schmortopf in heißem Öl die Ente rundum anbräunen. 1 Tasse Wasser und die verbliebene Marinade dazugießen. Die Ente zugedeckt etwa 45 Minuten bei milder Hitze schmoren lassen, bis sie zart ist. Dabei einmal wenden. Gegen Ende der Garzeit die Pilze dazugeben. Die Ente tranchieren, mit den Pilzen auf einer Platte anrichten und warm stellen.
Die Sauce mit etwas Wasser aufkochen und entfetten. Mit Sojasauce abschmecken, mit Speisestärke andicken und noch etwas köcheln lassen. Die Sauce über die Entenstücke gießen und Reis dazu servieren.

Geschmorte Zwiebelente

1 Ente (ca. 2 kg)
3 Zwiebeln, in Scheiben geschnitten
½ l Wasser
1½ Tassen Sojasauce
2 Gläschen Sherry
1 EL Zucker
2 EL Sonnenblumenöl zum Anbraten
2 EL Stärkemehl, mit etwas Wasser angerührt

Die Zwiebelscheiben mit etwas Sojasauce beträufeln und in die Ente füllen. Die Ente dann zunähen.
In einem Schmortopf in heißem Öl die Ente rundum leicht anbräunen, dann wieder herausnehmen. ½ l Wasser im Topf aufkochen lassen, Sojasauce, Sherry und Zucker dazurühren und die Ente hineinlegen. Alles einmal aufkochen lassen. Dann die Ente bei mittlerer Hitze zugedeckt 1 Stunde schmoren lassen. Die Ente wenden und noch ½ Stunde weiterschmoren lassen.
Die Sauce entfetten, etwas einkochen lassen und mit Speisestärke andicken.

Fisch mit Soja

Gebackene Makrele mit Ingwersauce

(Thailand)

1 Makrele (ca. 1 kg), gesäubert und gesalzen
etwas Mehl
Sonnenblumenöl zum Ausbacken oder Fett in der Fritüre

Ingwersauce:
1 EL Sonnenblumenöl
1 größeres Stück frische Ingwerwurzel, gerieben
einige blättrig geschnittene Shiitake oder andere Zuchtpilze
2 feingewiegte Frühlingszwiebeln
½ Tasse Sojasauce
½ Tasse Weinessig
1 Tasse Wasser
3 EL Zucker
1 EL Speisestärke, in etwas Wasser angerührt

Zuerst die Ingwersauce zubereiten. In heißem Öl unter Rühren Ingwer, Pilze und Frühlingszwiebeln andünsten. Sojasauce, Weinessig und Wasser dazugießen, den Zucker unterrühren und alles 5 Minuten lang köcheln lassen. Die angerührte Speisestärke dazugießen und die Sauce unter Rühren sämig einkochen lassen.
Die Makrele salzen, in Mehl wälzen und in der Fritüre bei 170° C oder in heißem Öl schwimmend herausbacken. Dabei einmal wenden. Im Sieb und auf Küchenkrepp abtropfen lassen. Die Makrele auf einer Platte anrichten und die Sauce darüber verteilen. Sofort servieren.

Fisch in Sojasauce auf indonesische Art

500 g Fischfilets, in große Stücke geteilt
2 EL Erdnuß- oder Sonnenblumenöl
1 feingewiegte Zwiebel
2 zerdrückte Knoblauchzehen
1 Stück frische Ingwerwurzel, gerieben
1 TL Sambal olek
½ TL Pfeffer aus der Mühle
½ TL geriebene Muskatnuß
3 EL Tamarindensaft
3 EL dunkle Sojasauce
1 EL Zucker

In einer Pfanne in heißem Öl Zwiebel, Knoblauch und Ingwer unter Rühren andünsten. *Sambal olek*, Pfeffer und Muskat untermischen, die Fischfilets dazugeben und bei schwacher Hitze auf jeder Seite 2 Minuten braten. Tamarindensaft und Sojasauce dazugießen, 1 EL Zucker dazugeben und die Fischfilets bei milder Hitze 10 Minuten köcheln lassen, bis der Fisch gar ist. Wenn nötig, etwas Wasser dazugießen. Mit Reis und Gemüse servieren.

Sprotten in Sojasauce

(Chinesisch)

500 g Sprotten, geputzt
2 EL Sonnenblumenöl
3 EL Sojasauce
1 Gläschen Sherry
1 Stück frische Ingwerwurzel, gerieben
2 feingewiegte Frühlingszwiebeln
etwas Wasser
Salz

Die Sprotten in einer Pfanne in heißem Öl 3 Minuten braten, dann warm stellen.
Sojasauce, Sherry und etwas Wasser in die Pfanne gießen und

das Ganze aufkochen lassen. Ingwer und Frühlingszwiebeln dazugeben und 1 Minute köcheln lassen. Die Sauce mit Salz abschmecken und über die Sprotten gießen. Sofort servieren.

Marinierte gebackene Schollen mit Ananas

(Chinesisch)

500 g Schollenfilets, in Portionsstücke zerteilt
250 g Ananasstücke (frisch oder Konserve)
3 EL Sonnenblumenöl

Marinade:
½ Tasse Sojasauce
1 Gläschen Sherry
1 feingewiegte Frühlingszwiebel

2 EL Speisestärke
2 Eier
ca. 2 Tassen Wasser

Die Marinade anrühren und die Schollenfilets darin ½ Stunde ziehen lassen.
Die Speisestärke mit den Eiern glattrühren. Die abgetropften Fischstücke darin wenden und in heißem Öl auf jeder Seite 3 Minuten backen. Auf Küchenkrepp entfetten und warm halten.
Die Sojamarinade mit der verbliebenen Eiermischung verrühren. Ananasstücke und Wasser dazugeben und alles unter Rühren etwas eindicken lassen. Die Schollenfilets anrichten und die Sauce dazugießen. Sofort servieren.

Fischfilets mit Hoisinsauce
(Chinesisch)

ca. 500 g Fischfilets
2 EL Sonnenblumenöl
1 zerdrückte Knoblauchzehe
1 Stück frische Ingwerwurzel, gerieben
2 EL helle Sojasauce
1 EL Hoisinsauce
einige Frühlingszwiebeln, schräg geschnitten zum Garnieren

In heißem Öl die Knoblauchzehe anbraten, dann wieder herausnehmen. Ingwer und Fischfilets in die Pfanne geben, mit Sojasauce beträufeln und zugedeckt 1 Minute dünsten. Die Hoisinsauce dazugeben und die Fischfilets gardünsten. Anrichten, mit der Sauce übergießen und mit Frühlingszwiebeln garnieren. Dazu Reis servieren.

Marinierte Makrelenfilets vom Grill
(Japanisch)

500 g Makrelenfilets, in etwa 6 cm große Stücke geteilt
1 Zitrone, in dünne Scheiben geschnitten

Marinade:
½ Tasse japanische Sojasauce
½ Tasse Sake (Reiswein) oder Sherry
2 EL Zucker

Die Marinade anrühren und die Fischstücke und die Hälfte der Zitronenscheiben einige Stunden darin ziehen lassen.
Die Makrelenfilets auf den Grillrost legen und etwa 8 Minuten lang grillen, bis sie goldbraun werden. Dann wenden, mit etwas Marinade bestreichen und noch 2 Minuten grillen, bis sie goldbraun sind.
Die Marinade durchseihen und aufkochen. Die Makrelenfilets anrichten, mit der heißen Sauce beträufeln und mit Zitronenscheiben garnieren.

Weißfische mit Sojasauce
(Chinesisch)

4 Weißfische, ausgenommen und gesäubert
Salz und Pfeffer aus der Mühle
3 EL Sonnenblumenöl
4 EL Sojasauce
3 feingewiegte Frühlingszwiebeln
etwas Glutamat

Die Weißfische salzen und pfeffern und in heißem Öl auf beiden Seiten 3 Minuten braten. Sojasauce und etwas Wasser dazugießen und alles 1 Minute köcheln lassen. Die feingewiegten Frühlingszwiebeln dazugeben und etwas Glutamat untermischen. Sofort servieren.

Geschmorter Aal
(Chinesisch)

500 g Aal, gehäutet und in 5 cm lange Stücke geschnitten
3 EL Sonnenblumenöl
2 feingewiegte Frühlingszwiebeln
2 in Salz zerdrückte Knoblauchzehen
3–4 EL Sojasauce
1 Gläschen Sherry
1 TL Zucker
Salz
1 Tasse Wasser
1 TL Speisestärke, mit etwas Wasser angerührt

In heißem Öl die Aalstücke unter Rühren 5 Minuten lang anbraten. Die Frühlingszwiebeln und den Knoblauch dazugeben und andünsten. Sojasauce, Sherry, Zucker und Salz darunterrühren, Wasser dazugießen und alles zugedeckt etwa $\frac{1}{4}$ Stunde köcheln lassen, bis der Fisch gar ist. Zum Schluß die Sauce mit Speisestärke etwas eindicken. Sofort servieren.

Gebackenes Fischfilet mit süß-saurer Sauce

(Chinesisch)

500 g Fischfilet, in Streifen geschnitten
1 verquirltes Ei
Salz und Pfeffer aus der Mühle
etwas Mehl

Süß-saure Sauce:
2 EL Sonnenblumenöl
3 Tomaten, in kochendem Wasser kurz blanchiert und enthäutet; kleingeschnitten
2 feingewiegte Frühlingszwiebeln
1 Stück frische Ingwerwurzel, gerieben
1 EL Stärkemehl, mit 2 EL Weinessig angerührt
2 EL Zucker
3 EL Sojasauce
1 Tasse Fleischbrühe

Zuerst die Sauce zubereiten. Tomaten, Frühlingszwiebeln und Ingwer in heißem Öl andünsten, dann das angerührte Stärkemehl, Zucker, Sojasauce und Fleischbrühe dazugeben. Alles unter Rühren etwas köcheln lassen, bis die Sauce eingedickt ist. Mit Essig und Zucker abschmecken.
Die Fischstreifen in gesalzenem und gepfeffertem Ei schwenken, in Mehl wenden und in der Fritüre bei 170° C herausbacken. Abtropfen lassen und anrichten. Die heiße süß-saure Sauce zum Fisch gießen. Sofort servieren!

Gebackene Seezunge mit Pilzen

(Chinesisch)

250 g Seezungenfilets, in Streifen geschnitten

Marinade:
1 EL Speisestärke
3 EL Sojasauce
1 Gläschen Sherry
1 Eiweiß, leicht geschlagen

100 g blättrig geschnittene Shiitake oder andere Zuchtpilze
2 feingewiegte Frühlingszwiebeln
50 g Bambussprossen, in Streifen geschnitten
1 Stück frische Ingwerwurzel, geschält, in Scheiben und dann in Stifte geschnitten
2 EL Sonnenblumenöl
etwas Wasser
etwas Glutamat

Die Speisestärke mit Sojasauce, Sherry und dem Eiweiß vermischen. Die Seezungenfilets unterziehen und ¼ Stunde ruhen lassen. Dann die Fischstreifen in der Fritüre bei 170° C herausbacken, abtropfen lassen und warm stellen.
In heißem Öl Pilze, Frühlingszwiebeln, Bambussprossen und Ingwer unter Rühren 1 Minute lang anbraten. Verbliebene Marinade und etwas Wasser dazugießen, etwas Glutamat dazugeben und alles unter Rühren sämig werden lassen. Das Gemüse mit den Seezungenfilets anrichten und sofort servieren.

Gebackene Scholle mit Sojasprossen und Pilzen

(Chinesisch)

500 g Schollenfilets, gesalzen und in Streifen geschnitten
1 verquirltes Ei
etwas Mehl
Sonnenblumenöl

150 g Sojasprossen
2 feingewiegte Frühlingszwiebeln

100 g Shiitake oder andere Zuchtpilze, blättrig geschnitten
3 EL Sojasauce
etwas Wasser
1 TL Zucker
1 TL Speisestärke, mit etwas Wasser angerührt
3–4 EL geröstete Mandeln

Die Fischstreifen in das Ei tauchen, in Mehl wenden und in der Fritüre bei 170° C oder in der Pfanne in heißem Öl knusprig herausbacken. Abtropfen lassen, auf Küchenkrepp entfetten und warm halten.

Sojasprossen, Frühlingszwiebeln und Pilze unter Rühren in heißem Öl 2 Minuten andünsten. Sojasauce, Zucker und etwas Wasser dazugeben, alles etwas köcheln lassen und mit Speisestärke andicken. Das Gemüse anrichten, die gebackenen Fischstreifen darauf verteilen und das Ganze mit gerösteten Mandeln bestreuen.

Eier, Salate, Gemüse und Beilagen mit Soja

Geschmorte Soja-Eier
(Chinesisch)

8 Eier
½ Tasse Sojasauce
2 EL Sonnenblumenöl

Die Eier 5 Minuten kochen lassen, dann unter fließendem kalten Wasser abschrecken und schälen.
Die Sojasauce mit dem Öl in einem Topf leicht erhitzen und die Eier darin 5 Minuten ziehen lassen. Dabei die Eier öfters wenden, bis sie rundum braun sind. In der Sauce erkalten lassen und vor dem Anrichten halbieren oder vierteln.

Eier in Sojasauce

10 Eier
1 Tasse Sojasauce
3 EL Sonnenblumenöl
1–2 getrocknete Chilischoten, im Mörser zerstoßen

Die Eier in kochendes Wasser geben und 5 Minuten kochen lassen. Dann unter fließendem kalten Wasser die Eier abschrecken und schälen.
In einem Topf unter Rühren Öl, Sojasauce und zerstoßene Chilischoten erhitzen. Die Eier dazugeben und unter ständigem Wenden so lange schmoren lassen, bis sie rundum eine gleichmäßige braune Farbe angenommen haben.
Die Eier herausnehmen, abkühlen lassen, dann halbieren und anrichten. Die restliche Sauce dazu servieren oder über die Eihälften gießen.

Eier in Sojasauce auf indonesische Art

8 hartgekochte geschälte Eier, halbiert
2 EL Sonnenblumenöl
1 feingewiegte Zwiebel
1 frische Chili, entkernt und kleingeschnitten
2 Knoblauchzehen, in Salz zerdrückt
1 Stück frische Ingwerwurzel, gerieben
2 Tomaten, kurz blanchiert und geschält; gewürfelt
1 EL Weinessig
½ Tasse helle Sojasauce
1 Tasse Wasser
1 EL Zucker
Salz

In heißem Öl unter Rühren Zwiebel, Chili und Knoblauch andünsten, dann die Tomaten dazugeben und verkochen lassen. Essig, Sojasauce und Wasser dazugießen und Salz und Zucker unterrühren. Das Ganze zugedeckt köcheln lassen, bis die Sauce sämig ist. Die Eihälften in die Sauce legen, heiß werden lassen und sofort servieren.

Süß-saure Radieschen auf chinesische Art

2 Bund Radieschen, blättrig eingeschnitten
Salz

Sauce:
3 EL Sojasauce
1 EL Weinessig
1 EL Zucker
1 EL Sesamöl

Die Radieschen anrichten und mit Salz bestreuen. Die Sauce gut durchrühren, bis sich der Zucker aufgelöst hat und über die Radieschen gießen.

Chinesische Tee-Eier

12 Eier
5–6 TL schwarzer Tee
¾ l Wasser
1 Tasse Sojasauce

Die Eier hart kochen und unter kaltem Wasser abschrecken. Den Tee aufgießen und 8 Minuten ziehen lassen. Durch ein Sieb gießen und mit der Sojasauce verrühren.
Die Eier unter leichtem Druck hin- und herrollen, bis die Schale rundum zerbricht. Dann die Eier in einen engen Topf schichten und mit der Tee-Sojamischung übergießen, bis sie ganz bedeckt sind. Über Nacht stehen lassen. Die Eier aus der Flüssigkeit nehmen und schälen. Sie sind dann dekorativ marmoriert.
Die Tee-Eier eignen sich als Vorspeise oder Beilage zu asiatischen Gerichten. Sie passen zu Salatplatten und kalten Platten. Im Kühlschrank sind die Tee-Eier 1 Woche haltbar.

Grünspargel auf chinesische Art

500 g Grünspargel, geputzt

Sauce:
4 EL Sojasauce
1 TL Zucker
1 Prise Salz
2 EL Sesamöl

Den Grünspargel in kochendes Wasser geben und etwa 5 Minuten sieden lassen, bis er gar, aber noch knackig ist. Dann in einem Sieb unter kaltem Wasser abschrecken.
Die Sauce gut verrühren, bis sich der Zucker aufgelöst hat. Den Spargel anrichten und mit der Sauce übergießen.

Bleichsellerie mit Pilzen
(Chinesisch)

2 Stangen Bleichsellerie, in Stücke geschnitten
250 g blättrig geschnittene Zuchtpilze; Shiitake, Braunkappen, Champignons oder Austernseitlinge
2 EL Sonnenblumenöl
Salz
1 TL Zucker
3 EL Sojasauce
etwas Glutamat

In einer Schmorpfanne in heißem Öl die Pilze unter Rühren 1 Minute braten, dann die Selleriestücke dazugeben. Sojasauce dazugießen und mit Salz, Zucker und Glutamat würzen. Alles unter Rühren noch 5 Minuten köcheln lassen. Sofort servieren.

In Sojasauce gebratener Reis
(Chinesisch)

ca. 750 g kalter gekochter körniger Reis
2 EL Erdnußöl
2 EL Sojasauce
einige Frühlingszwiebeln, schräg in Ringe geschnitten

Den Reis in heißem Öl unter Rühren hellgelb anbraten. Die Sojasauce untermischen, die Frühlingszwiebeln dazugeben und alles 1 Minute umrühren.
Weitere Zutaten, mit denen man den gebratenen Reis zu einer kleinen Mahlzeit machen kann: Gewürfelter Schinken, gewürfeltes gekochtes oder gebratenes Schweinefleisch, gewürfelte Bratenreste, in Scheiben geschnittene Würstchen, gekochte junge Erbsen, gekochte junge Sojabohnen aus dem Garten.

Pilze mit Hähnchenfleisch

500 g blättrig geschnittene Zuchtpilze
500 g ausgelöstes Hähnchenfleisch, in Streifen geschnitten
3 EL Sonnenblumenöl
1 feingewiegte Zwiebel
3 Knoblauchzehen, in Salz zerdrückt
3 EL Sojasauce
1 Spritzer Tabasco
1 Prise Salz

In heißem Öl Zwiebel und Knoblauch anbraten. Das Hähnchenfleisch dazugeben und bei starker Hitze 2 Minuten umrühren. Die Hitze dann verringern und das Ganze zugedeckt 3 Minuten dünsten. Die Sojasauce unterrühren, die Pilze dazugeben und alles zugedeckt bei schwacher Hitze 4 Minuten köcheln lassen. Mit Salz und Tabasco abschmecken und mit Reis servieren.

Pilze in Sojasauce

500 g Zuchtpilze, blättrig geschnitten: Shiitake, Champignons, Braunkappen oder Austernseitlinge
1–2 Scheiben Butter
1 Büschel Petersilie, grob geschnitten
½ Tasse Sojasauce
1 Prise Zucker
1 Spritzer Tabasco
Salz und Pfeffer aus der Mühle

In einer Pfanne die Pilze unter Rühren in heißer Butter einige Minuten anbraten. Petersilie daruntermischen, die Sojasauce dazugießen und die Pilze bei schwacher Hitze garziehen lassen. Mit einer Prise Zucker, Tabasco, Salz und Pfeffer abschmecken. Mit Reis servieren.

Süß-saurer Chinakohl

(Chinesisch)

1 mittelgroßer Kopf Chinakohl, in Streifen geschnitten
1–2 Gläschen Sherry

Sauce:
2 EL Sonnenblumenöl
1 geraspelte Karotte
3 Tomaten, blanchiert, enthäutet und kleingeschnitten
⅛ l Fleischbrühe
3 EL Sojasauce
2 EL Weinessig
Salz
1 EL Zucker
1 EL Speisestärke, mit etwas Wasser angerührt

Zuerst die Sauce zubereiten. In heißem Öl Karotte und Tomaten unter Rühren 3 Minuten dünsten. Fleischbrühe, Sojasauce, Weinessig, Salz und Zucker dazugeben, die Speisestärke unterrühren und das Ganze 5 Minuten köcheln lassen. Den Chinakohl in heißem Öl unter Rühren 3 Minuten anbraten. Sherry dazugießen und den Chinakohl noch 2 Minuten umrühren. Mit der Sauce anrichten und sofort servieren.

Chinesischer Selleriesalat

2 Stangen Bleichsellerie, in Stücke geschnitten, kurz blanchiert und unter kaltem Wasser im Sieb abgeschreckt

Sauce:
3 EL Sojasauce
1 TL Zucker
1 Prise Salz
1 TL Sesamöl

Den abgetropften Sellerie anrichten. Die Sauce gut verrühren, bis sich der Zucker aufgelöst hat und über die Selleriestücke gießen. Etwas durchziehen lassen.

Gurkensalat auf chinesische Art

1 Salatgurke, geschält, in dicke Scheiben geschnitten und dann kleingewürfelt

Sauce:
2 EL Sojasauce
1 EL Weinessig
1 EL Zucker
1 Prise Salz
1 EL Sesamöl

Die Salatsauce gut verrühren, bis sich der Zucker aufgelöst hat und unter die kleingewürfelte Gurke mischen.

Saucen und Dips mit Soja

Sojasauce

Saucen auf Sojabasis sind in China bereits im 5. Jahrhundert v. Chr. bezeugt. Es gibt im ostasiatischen Raum zahlreiche süßsaure, milde und scharfe Variationen der Sojasauce. Die japanische Sojasauce wird *Soya, Shoya* oder *Shoyu* genannt, die chinesische *Tsing-Yeou* und *Tao-Yu* und die indonesische *Ketjap* oder *Kecap manis.*

Die Sauce wird aus weichgekochten zerstoßenen Sojabohnen hergestellt, die mit gedämpften Weizen, Reis und einem Fermentpilz versetzt werden. Durch die Fermentation werden die Eiweißstoffe aufgespalten und Aromastoffe freigesetzt. Dieser Reifeprozeß kann Monate bis Jahre dauern. Lang gereifte Sojasauce ist besonders aromatisch.

Ganz allgemein unterscheidet man helle, dunkle und süße Sojasaucen. Bei Geflügel, Fisch und Suppen verwendet man die helle Sojasauce, wenn man die ursprüngliche Farbe des Gerichts erhalten will. Bei indonesischen Gerichten gebraucht man hauptsächlich *Kecap manis,* die süße Sojasauce.

Da bei vielen Schmorgerichten die Sojasauce tassenweise verwendet wird, empfiehlt es sich, nur die preisgünstigen großen 750 g-Flaschen zu kaufen, die in Asien-Läden erhältlich sind.

Sojasauce in Fläschchen, wie Maggiwürze, bei Tisch zum Nachwürzen bereitzustellen, ist eine Unsitte, auch wenn das in Asien-Restaurants üblich ist. Schließlich wurden die Speisen schon in der Küche exakt abgeschmeckt. Willkürliches Nachwürzen zerstört nur alle Geschmacksnuancen des Gerichts.

Hoisinsauce

Sie wird ähnlich wie die Sojasauce verwendet. Die süße bräunlich-rote Sauce besteht aus Sojabohnen, Mehl, Zucker,

Wasser, Gewürzen, Knoblauch und Chilies. Sie ist in Dosen ab 500 g erhältlich. Im Kühlschrank ist sie im Schraubglas einige Monate haltbar.

Japanische Sojamarinade

1 Tasse Sojasauce
1 Stück frische Ingwerwurzel, gerieben
3 EL Sonnenblumenöl

Für Fleisch und Geflügel vom Grill. Das Fleisch 1 Stunde oder länger in der Marinade ziehen lassen.

Rote Sojamarinade

½ Tasse Sojasauce
½ Tasse Tomatenketchup
½ Tasse Ananassaft
1 Glas Weißwein
1 EL Sonnenblumenöl

Für Fleisch und Geflügel vom Grill. Das Fleisch einige Stunden oder länger in der Marinade ziehen lassen.

Soja-Weißwein-Marinade

½ Tasse Sojasauce
1 Glas Weißwein
2 EL Sonnenblumenöl
1 feingewiegte Frühlingszwiebel
1 durchgepreßte Knoblauchzehe
etwas geriebene frische Ingwerwurzel

Für Schweine-, Rind- und Lammfleisch. Die Marinade anrühren, das Fleisch damit bestreichen und übergießen und einige Stunden durchziehen lassen.

Sambal Kecap

(Indonesische Sambal-Soja-Sauce)

½ Tasse süße indonesische Sojasauce
1 frische Pfefferschote, entkernt und feingewiegt
3 kleingeschnittene Knoblauchzehen

In einem Porzellanmörser Knoblauchzehen und Pfefferschote zerstampfen. Dann mit der Sojasauce zu einer Paste verarbeiten.
Zu Geflügel, Fisch, Reis und Nudeln servieren.

Soja-Orangen-Sauce

½ Tasse Sojasauce
½ Tasse Tomatenketchup
3 EL bittere Orangenmarmelade
1 Glas Weißwein
1 Spritzer Zitronensaft
1 Prise Zucker
1 Prise Salz

Die Sauce im Rührbecher mit einem Handrührer verquirlen und zu Hähnchen, Truthahn und Ente – warm oder auch kalt – servieren.

Soja-Rotwein-Sauce

½ Tasse Sojasauce
1 Glas Rotwein
Saft von ½ Zitrone
1 EL Zucker
2 EL Sonnenblumenöl
1 feingewiegte Frühlingszwiebel

Die Sauce gut verrühren und zu Wild und Rindfleisch reichen.

Ingwer-Soja-Sauce

½ Tasse helle Sojasauce
etwas frischer geriebener Ingwer

Die Sauce anrühren und zu Fisch und Meeresfrüchten servieren.

Scharf-süße Soja-Tomaten-Sauce

½ Tasse Tomatenketchup
½ Tasse süße indonesische Sojasauce
1 TL Sambal olek

Die Sauce durchrühren und zu fritiertem Fleisch, Geflügel und Fisch reichen.

Scharf-süße Sojasauce

2 Pfefferschoten, entkernt und feingewiegt
½ Tasse süße indonesische Sojasauce
Saft von ½ Zitrone

Die Sauce durchrühren und zu Fleisch, Geflügel und Fisch vom Grill und zu Reisgerichten servieren.

Chili-Sojasauce

½ Tasse Sojasauce
2 EL chinesische Chilisauce

Die Sauce anrühren und zu fritiertem Fisch und fritierten Meeresfrüchten reichen.

Schwarze Bohnen-Knoblauch-Sauce

2 EL fermentierte schwarze Bohnen (Dose), im Sieb abgespült und zerdrückt
einige zerdrückte Knoblauchzehen
3 EL helle Sojasauce
1 Gläschen trockener Sherry

Die Zutaten vermengen und zu Schweinefleisch oder Ente servieren.

Schwarze Bohnen-Sherry-Sauce

3 EL fermentierte schwarze Bohnen (Dose), im Sieb abgespült und zerdrückt
1 zerdrückte Knoblauchzehe
2 Gläschen trockener Sherry
½ TL Sesamöl

Die Sauce durchrühren und zu Fisch und Meeresfrüchten servieren.

Sachgruppenregister

GERICHTE MIT SOJASPROSSEN

SALATE MIT SOJASPROSSEN

Balsamico-Vinaigrette 19
Bambus- und Sojasprossensalat, chinesischer 14
Chinakohl mit Sojasprossen und Pilzen 14
Früchtesalat mit Sojasprossen 23
Frühlingssalat mit Sojasprossen 13
Geflügelsalat, chinesischer, mit Sojasprossen 28
Glasnudel-Sprossen-Salat 25
Kartoffelsalat, bunter, mit Sojasprossen 22
Knoblauch-Vinaigrette 19
Limetten-Sauce 19
Rindfleisch-Sojasprossen-Salat 28
Roquefort-Quarksauce 20
Sauerrahmsauce mit gerösteten Mandeln 20
Schafskäse mit Sojasprossen 21
Sojasprossen-Gurken-Salat 13
– mit Joghurtsauce 15
Sojasprossen-Hähnchen-Salat 26
Sojasprossen-Mandarinen-Salat, süßer 25
Sojasprossen-Muschel-Salat 26
Sojasprossen-Obst-Salat 23
Sojasprossen-Pilz-Salat mit Rinderzunge 30
Sojasprossen-Rohkost-Salat 24
Sojasprossensalat, bunter, mit Krabben 24
–, indonesischer, mit Hähnchenbrust 29
–, koreanischer 17
–, marinierter, auf chinesische Art 16
– mit Estragon-Vinaigrette 18
– mit marinierter Hähnchenbrust 27
– mit Sesam 17
– mit Soja-Vinaigrette 16
Sojasprossen-Sambol 22
Sprossensalate, gemischte 18
Vinaigrette, provençalische 21
Walnuß-Quarkmayonnaise 20

SUPPEN MIT SOJASPROSSEN

Curry-Kräutersuppe, frische, mit Sojasprossen 49
Hühnersuppe, indonesische, mit Sojasprossen 38
–, scharf-saure, mit Sojasprossen 33
–, süß-saure 37
Sojasprossen-Gemüse-Suppe 32
Sojasprossen-Krabben-Suppe 34
Sojasprossen-Porree-Suppe 38
Sojasprossensuppe, chinesische, mit Schweinefleisch 34
–, koreanische, mit Rindfleisch 32
Suppenhuhnbrühe mit Sojasprossen 36
Suppenhuhn mit Sojasprossen auf indonesische Art 35
Wildkräutersuppe mit Sojasprossen 31

FLEISCH UND GEFLÜGEL MIT SOJASPROSSEN

Entenfleisch mit Sojasprossen 46
Fleischwurst, süß-saure, auf chinesische Art 52
Hähnchenbrustfilets mit Sojasprossen 50
Hähnchenragout mit Sojasprossen 50
Poularde mit Sojasprossen 42
Rinderfilet mit Sojasprossen 42
Rindsrouladen mit Sprossenfüllung 47
Rumpsteak mit Bambus- und Sojasprossen 45

Schweinefleisch mit Bambus- und Sojasprossen 41
– mit Sojasprossen 43
Schweine-Geschnetzeltes mit Sojasprossen und Palmitos 44
Schweinsrouladen auf chinesische Art 39
Sojasprossen-Hähnchen auf chinesische Art 51
Sojasprossen mit Fleischbällchen 46
Steaks mit Sojasprossen und Pilzen 40
Truthahnbrust, marinierte, mit Sojasprossen 48

EIERGERICHTE MIT SOJASPROSSEN

Eier-Fou-Yong mit Fleisch und Sojasprossen 53
– mit Sojasprossen und süß-saurer Sauce 54
Eierpfannkuchen mit Sojasprossen und Krabben 55
Eierröllchen, chinesische, mit Sojasprossen 56
Omelette mit Shrimps und Sojasprossen 58
Sojasprossen-Omelette mit Sambal Kecap 57

FRÜHLINGSROLLEN MIT SOJASPROSSEN

Eierkuchenrollen 64
Frühlingsrollen, chinesische 60
–, –, mit Reispapierblättern 59
–, indonesische 61
– mit Blätterteig 62
– mit Kraut und Sprossen 63

KLEINE GERICHTE MIT SOJASPROSSEN

Chow Mein mit Sojasprossen 65
Fischfilet mit Sojasprossen und Pilzen 69
Gemüse-Quiche mit Hähnchenbrust und Sprossen 72
Krabbenpfanne mit Sojasprossen 68
Reisnudeln, kalte, mit Sojasprossen 74
Sojasprossen-Auflauf 75
Sojasprossen, ausgebackene, mit pikanter Currysauce 67
–, fritierte 66
–, gebratene 66
Sojasprossengemüse mit Senfrahm 71
Sojasprossen-Gemüse-Topf 70
Sojasprossen-Pfanne 68
Spinat, gedünsteter, mit Sojasprossen 70
Toastbrote, überbackene, mit Sojasprossen 73

GERICHTE MIT SOJABOHNEN

GERICHTE MIT JUNGEN SOJABOHNEN UND -SCHOTEN

Eisbergsalat mit jungen Sojabohnen 78
Salat mit jungen Sojabohnen 79
– – – – und Pilzen 81
– mit jungen Sojaschoten 83
Sojabohnen, junge pürierte 86
Sojabohnenbällchen, fritierte 88
Sojabohnen-Creme-Suppe 81
Sojabohnengemüse, pikantes 85
Sojabohnenpüree, überbackenes, mit Käsekruste 86
Sojabohnensalat mit Hähnchenleber 80
– mit Würstchen 80
Sojabohnenschoten-Gemüse mit Reis 84
Sojabohnensuppe mit Schinken 82
Sojaschoten, junge gebratene 84
–, –, mit Kalbsfilet 87
Suppe mit jungen Sojabohnenschoten und Schinkenspeck 82

GERICHTE MIT GELBEN SOJABOHNEN

Sojabohnen, geröstete 90
–, scharfe, mit Speck 94
–, überbackene 96
–, –, mit Crème fraîche 97
Sojabohnen-Bällchen, gedämpfte 95
Sojabohnen-Chili 91
Sojabohnen-Frikadellen, panierte 93
Sojabohnenküchlein, scharfe 96
Sojabohnensalat, herzhafter 89
– mit frischen Kräutern 90
–, pikanter 92
Sojabohnentopf mit Kasseler 92
Sojafrikadellen mit Schweinefleisch 94
Soja-Mayonnaise 98

GERICHTE MIT SCHWARZEN SOJABOHNEN

Entenfleisch mit schwarzer Bohnensauce 104
Fisch, gebratener, mit schwarzen Bohnen 101
Garnelen in schwarzer Bohnensauce 106
Hähnchenbrust mit Sojasprossen in schwarzer Bohnensauce 99
Paprikaschoten, gefüllte, in schwarzer Bohnensauce 102
Rumpsteak in schwarzer Bohnensauce 103
Schweinebauch in schwarzer Bohnensauce 105
Spareribs, geschmorte, mit schwarzen Bohnen 100

GERICHTE MIT TOFU

Eierpudding mit Tofu 112
Hühnerbrühe mit Tofu 108
Schellfisch mit Tofu 112
Suppe, scharf-saure, mit Tofu 108
Tofu, fritierter 109
–, gebackener, mit Sojasprossen 110
–, gebratener 107
– mit Austernsauce und Pilzen 111
– mit Hummersauce 110
– mit schwarzen Bohnen 111
Tofu-Omelettes 109

GERICHTE MIT MISO

Miso-Sauce 115
Miso-Suppe mit frischen Kräutern 113
– mit Gemüse und Tofu 114
– mit Pilzen und Tofu 113
Miso-Tomaten-Suppe 114
Miso-Zwiebel-Suppe 115

FLEISCHGERICHTE MIT SOJA

Grillspieße mit Soja-Ingwer-Marinade 121
Kalbsleber in Sojasauce 130
Leber, süß-saure, mit Aprikosen 125
Rindfleisch Chop Suey 128
–, in Sojasauce gekochtes 124
–, rotgekochtes 127
Schaschlik vom Grill mit Sojamarinade 131
Schweinebraten auf chinesische Art 117
Schweinefleisch in Sojasauce auf indonesische Art 122
–, zweimal gebratenes 119
Schweinefleischspießchen, indonesische, vom Grill 132
–, marinierte, vom Grill 118
Schweinekoteletts, marinierte, vom Grill 122
Schweineschulter, gekochte, mit Soja-Knoblauchsauce 120
Sesam-Kalbsschnitzel 129
Soja-Leber mit Frühlingszwiebeln und Porree 130
Spareribs, marinierte, auf chinesische Art 123
–, –, mit Tomaten-Dip 126
– vom Rost 124

GEFLÜGEL MIT SOJA

Ente, geschmorte, mit Pilzen 145
–, süß-saure, auf chinesische Art 144
Enten-Chop-Suey 143
Hähnchenbrust mit Hoisinsauce 136
Hähnchenflügel in Soja-Honig-Sauce geschmort 136
Hähnchenkeulen, marinierte, vom Grill 140
– mit süßer Sojasaucenglasur 140
Hähnchenleber, geschmorte, in Sojasauce 141
–, marinierte, vom Grill mit Honigsauce 142
Hähnchen mit süß-saurer Sauce und Ananas 137
Hähnchenspieße vom Grill mit Sojamarinade 142
Huhn, rotgekochtes 133
Ingwerhähnchen 134
Knoblauchhähnchen 138
– mit süßer Sojasauce 138
Poularde in Sojasauce 135
Soja-Hähnchen 134
– mit Aprikosen 139
Zwiebelente, geschmorte 146

FISCH MIT SOJA

Aal, geschmorter 151
Fischfilet, gebackenes, mit süß-saurer Sauce 152
– mit Hoisinsauce 150
Fisch in Sojasauce auf indonesische Art 148
Makrele, gebackene, mit Ingwersauce 147
Makrelenfilets, marinierte, vom Grill 150
Scholle, gebackene, mit Sojasprossen und Pilzen 154
–, marinierte gebackene, mit Ananas 149
Seezunge, gebackene, mit Pilzen 153
Sprotten in Sojasauce 148
Weißfische mit Sojasauce 151

EIER, SALATE, GEMÜSE UND BEILAGEN MIT SOJA

Bleichsellerie mit Pilzen 158
Chinakohl, süß-saurer 160
Eier in Sojasauce 155
– – – auf indonesische Art 156
Grünspargel auf chinesische Art 157
Gurkensalat auf chinesische Art 161
Pilze in Sojasauce 159
– mit Hähnchenfleisch 159
Radieschen, süß-saure, auf chinesische Art 156
Reis, in Sojasauce gebratener 158
Selleriesalat, chinesischer 160
Soja-Eier, geschmorte 155
Tee-Eier, chinesische 157

SAUCEN UND DIPS MIT SOJA

Chili-Sojasauce 166
Ingwer-Soja-Sauce 166
Sambal Kecap 165
Schwarze Bohnen-Knoblauch-Sauce 167
Schwarze Bohnen-Sherry-Sauce 167
Sojamarinade, japanische 164
–, rote 164
Soja-Orangen-Sauce 165
Soja-Rotwein-Sauce 165
Sojasauce, scharf-süße 166
Soja-Tomaten-Sauce, scharf-süße 166
Soja-Weißwein-Marinade 164

Alphabetisches Rezeptregister

Aal, geschmorter 151

Balsamico-Vinaigrette 19
Bambus- und Sojasprossensalat, chinesischer 14
Bleichsellerie mit Pilzen 158

Chili-Sojasauce 166
Chinakohl mit Sojasprossen und Pilzen 14
–, süß-saurer 160
Chow Mein mit Sojasprossen 65
Curry-Kräutersuppe, frische, mit Sojasprossen 49

Eier-Fou-Yong mit Fleisch und Sojasprossen 53
– mit Sojasprossen und süß-saurer Sauce 54
Eier in Sojasauce 155
– – – auf indonesische Art 156
Eierkuchenrollen 64
Eierpfannkuchen mit Sojasprossen und Krabben 55
Eierpudding mit Tofu 112
Eierröllchen, chinesische, mit Sojasprossen 56
Eisbergsalat mit jungen Sojabohnen 78
Ente, geschmorte, mit Pilzen 145
–, süß-saure, auf chinesische Art 144
Enten-Chop-Suey 143
Entenfleisch mit schwarzer Bohnensauce 104
– mit Sojasprossen 46

Fischfilet, gebackenes, mit süßsaurer Sauce 152
– mit Hoisinsauce 150
– mit Sojasprossen und Pilzen 69
Fisch, gebratener, mit schwarzen Bohnen 101
– in Sojasauce auf indonesische Art 148
Fleischwurst, süß-saure, auf chinesische Art 52
Früchtesalat mit Sojasprossen 23
Frühlingsrollen, chinesische 60
–, –, mit Reispapierblättern 59
–, indonesische 61
– mit Blätterteig 62
– mit Kraut und Sprossen 63
Frühlingssalat mit Sojasprossen 13

Garnelen in schwarzer Bohnensauce 106
Geflügelsalat, chinesischer, mit Sojasprossen 28
Gemüse-Quiche mit Hähnchenbrust und Sprossen 72
Glasnudel-Sprossen-Salat 25
Grillspieße mit Soja-Ingwer-Marinade 121
Grünspargel auf chinesische Art 157
Gurkensalat auf chinesische Art 161

Hähnchenbrustfilets mit Sojasprossen 50
Hähnchenbrust mit Hoisinsauce 136
– mit Sojasprossen in schwarzer Bohnensauce 99
Hähnchenflügel in Soja-Honig-Sauce geschmort 136
Hähnchenkeulen, marinierte, vom Grill 140
– mit süßer Sojasaucenglasur 140

Hähnchenleber, geschmorte, in Sojasauce 141
–, marinierte, vom Grill mit Honigsauce 142
Hähnchen mit süß-saurer Sauce und Ananas 137
Hähnchenragout mit Sojasprossen 50
Hähnchenspieße vom Grill mit Sojamarinade 142
Hühnerbrühe mit Tofu 108
Hühnersuppe, indonesische, mit Sojasprossen 38
–, scharf-saure, mit Sojasprossen 33
–, süß-saure 37
Huhn, rotgekochtes 133

Ingwer-Soja-Sauce 166
Ingwerhähnchen 134

Kalbsleber in Sojasauce 130
Kartoffelsalat, bunter, mit Sojasprossen 22
Knoblauchhähnchen 138
– mit süßer Sojasauce 138
Knoblauch-Vinaigrette 19
Krabbenpfanne mit Sojasprossen 68

Leber, süß-saure, mit Aprikosen 125
Limetten-Sauce 19

Makrele, gebackene, mit Ingwersauce 147
Makrelenfilets, marinierte, vom Grill 150
Miso-Sauce 115
Miso-Suppe mit frischen Kräutern 113
– mit Gemüse und Tofu 114
– mit Pilzen und Tofu 113
Miso-Tomaten-Suppe 114
Miso-Zwiebel-Suppe 115

Omelette mit Shrimps und Sojasprossen 58

Paprikaschoten, gefüllte, in schwarzer Bohnensauce 102
Pilze in Sojasauce 159
– mit Hähnchenfleisch 159
Poularde in Sojasauce 135
– mit Sojasprossen 42

Radieschen, süß-saure, auf chinesische Art 156
Reis, in Sojasauce, gebratener 158
Reisnudeln, kalte, mit Sojasprossen 74
Rinderfilet mit Sojasprossen 42
Rindfleisch Chop Suey 128
–, in Sojasauce gekochtes 124
–, rotgekochtes 127
Rindfleisch-Sojasprossen-Salat 28
Rindsrouladen mit Sprossenfüllung 47
Roquefort-Quarksauce 20
Rumpsteak in schwarzer Bohnensauce 103
– mit Bambus- und Sojasprossen 45

Salat mit jungen Sojabohnen 79
– – – – und Pilzen 81
– mit jungen Sojaschoten 83
Sambal Kecap 165
Sauerrahmsauce mit gerösteten Mandeln 20
Schafskäse mit Sojasprossen 21
Schaschlik vom Grill mit Sojamarinade 131
Schellfisch mit Tofu 112
Scholle, gebackene, mit Sojasprossen und Pilzen 154
–, marinierte gebackene, mit Ananas 149
Schweinebauch in schwarzer Bohnensauce 105
Schweinebraten auf chinesische Art 117

Schweinefleisch in Sojasauce auf indonesische Art 122
- mit Bambus- und Sojasprossen 41
- mit Sojasprossen 43
-, zweimal gebratenes 119
Schweinefleischspießchen, indonesische, vom Grill 132
-, marinierte, vom Grill 118
Schweine-Geschnetzeltes mit Sojasprossen und Palmitos 44
Schweinekoteletts, marinierte, vom Grill 122
Schweineschulter, gekochte, mit Soja-Knoblauchsauce 120
Schweinsrouladen auf chinesische Art 39
Schwarze Bohnen-Knoblauch-Sauce 167
Schwarze Bohnen-Sherry-Sauce 167
Seezunge, gebackene, mit Pilzen 153
Selleriesalat, chinesischer 160
Sesam-Kalbsschnitzel 129
Sojabohnen, geröstete 90
-, junge pürierte 86
-, scharfe, mit Speck 94
-, überbackene 96
-, -, mit Crème fraîche 97
Sojabohnen-Bällchen, gedämpfte 95
-, fritierte 88
Sojabohnen-Chili 91
Sojabohnen-Creme-Suppe 81
Sojabohnen-Frikadellen, panierte 93
Sojabohnengemüse, pikantes 85
Sojabohnenküchlein, scharfe 96
Sojabohnenpüree, überbackenes, mit Käsekruste 86
Sojabohnensalat, herzhafter 89
- mit frischen Kräutern 90
- mit Hähnchenleber 80
- mit Würstchen 80
-, pikanter 92
Sojabohnenschoten-Gemüse mit Reis 84
Sojabohnensuppe mit Schinken 82
Sojabohnentopf mit Kasseler 92
Soja-Eier, geschmorte 155
Sojafrikadellen mit Schweinefleisch 94
Soja-Hähnchen 134
- mit Aprikosen 139
Soja-Leber mit Frühlingszwiebeln und Porree 130
Sojamarinade, japanische 164
-, rote 164
Soja-Mayonnaise 98
Soja-Orangen-Sauce 165
Soja-Rotwein-Sauce 165
Sojaschoten, junge, gebraten 84
-, -, mit Kalbsfilet 87
Sojasauce, scharf-süße 166
Sojasprossen-Auflauf 75
Sojasprossen, ausgebackene, mit pikanter Currysauce 67
-, fritierte 66
-, gebratene 66
Sojasprossengemüse mit Senfrahm 71
Sojasprossen-Gemüse-Suppe 32
Sojasprossen-Gemüse-Topf 70
Sojasprossen-Gurken-Salat 13
- mit Joghurtsauce 15
Sojasprossen-Hähnchen auf chinesische Art 51
Sojasprossen-Hähnchen-Salat 26
Sojasprossen-Krabben-Suppe 34
Sojasprossen-Mandarinen-Salat, süßer 25
Sojasprossen mit Fleischbällchen 46
Sojasprossen-Muschel-Salat 26
Sojasprossen-Obst-Salat 23
Sojasprossen-Omelette mit Sambal Kecap 57
Sojasprossen-Pfanne 68
Sojasprossen-Pilz-Salat mit Rinderzunge 30
Sojasprossen-Porree-Suppe 38
Sojasprossen-Rohkost-Salat 24
Sojasprossensalat, bunter, mit Krabben 24
-, indonesischer, mit Hähnchenbrust 29

–, koreanischer 17
–, marinierter, auf chinesische Art 16
– mit Estragon-Vinaigrette 18
– mit marinierter Hähnchenbrust 27
– mit Sesam 17
– mit Soja-Vinaigrette 16
Sojasprossen-Sambol 22
Sojasprossensuppe, chinesische, mit Schweinefleisch 34
–, koreanische, mit Rindfleisch 32
Soja-Tomaten-Suppe, scharf-süße 166
Soja-Weißwein-Marinade 164
Spareribs, geschmorte, mit schwarzen Bohnen 100
–, marinierte, auf chinesische Art 123
–, –, mit Tomaten-Dip 126
– vom Rost 124
Spinat, gedünsteter, mit Sojasprossen 70
Sprossensalate, gemischte 18
Sprotten in Sojasauce 148
Steaks mit Sojasprossen und Pilzen 40
Suppe mit jungen Sojabohnenschoten und Schinkenspeck 82
Suppenhuhnbrühe mit Sojasprossen 36
Suppenhuhn mit Sojasprossen auf indonesische Art 35
Suppe, scharf-saure, mit Tofu 108

Tee-Eier, chinesische 157
Toastbrote, überbackene, mit Sojasprossen 73
Tofu, fritierter 109
–, gebackener, mit Sojasprossen 110
–, gebratener 107
– mit Austernsauce und Pilzen 111
– mit Hummersauce 110
– mit schwarzen Bohnen 111
Tofu-Omelettes 109
Truthahnbrust, marinierte, mit Sojasprossen 48

Vinaigrette, provençalische 21

Walnuß-Quarkmayonnaise 20
Weißfische mit Sojasauce 151
Wildkräutersuppe mit Sojasprossen 31

Zwiebelente, geschmorte 146

HEYNE BÜCHER

HEYNE KOCHBÜCHER

Gesunde Küche und Biokost im Heyne-Taschenbuch.

07/4400 - DM 8,80

07/4404 - DM 6,80

07/4454 - DM 7,80

07/4443 - DM 9,80

07/4396 - DM 6,80

07/4459 - DM 7,80

07/4433 - DM 6,80

07/4295 - DM 12,80